景德镇釉里红史论

于长征 曹新民 著

江西高校出版社

图书在版编目（CIP）数据

景德镇釉里红史论/于长征，曹新民著．——南昌：江西高校出版社，2019.8（2022.3 重印）
ISBN 978－7－5493－8946－9

Ⅰ．①景… Ⅱ．①于… ②曹… Ⅲ．①青花瓷（考古）—研究—景德镇 Ⅳ．①K876.34

中国版本图书馆 CIP 数据核字（2019）第 187708 号

出 版 发 行	江西高校出版社
社　　　址	江西省南昌市洪都北大道96号
总编室电话	（0791）88504319
销 售 电 话	（0791）88522516
网　　　址	www.juacp.com
印　　　刷	天津画中画印刷有限公司
经　　　销	全国新华书店
开　　　本	700mm×1000mm 1/16
印　　　张	7
字　　　数	120 千字
版　　　次	2019 年 8 月第 1 版 2022 年 3 月第 2 次印刷
书　　　号	ISBN 978－7－5493－8946－9
定　　　价	78.00 元

赣版权登字 －07－2019－720
版权所有　侵权必究

图书若有印装问题，请随时向本社印制部（0791－88513257）退换

序

"喜看稻菽千重浪,遍地英雄下夕烟。"又是一个丰收的季节,当我翻阅完手中一大摞的《景德镇釉里红史论》书稿时,掩卷静思,不由得浮想联翩、思绪万千。

曹新民是我在陶瓷界唯一的一位不事瓷却对陶瓷文化情有独钟的好友。早在二十世纪九十年代,他就应景德镇电视台之邀,主笔撰写了《景德镇陶瓷名人系列》电视专题片,系统而精辟地介绍了三十九位卓有影响力的陶瓷美术家;随后又历时两年,提笔撰写了三十集大型电视系列片《话说陶瓷》,说古论今,评瓷阐道,在省内外引起了极大的反响,无怪乎我辈同人都称赞他"不愧是景德镇陶瓷文化的传播者,是名副其实的陶瓷评论家"。

于长征是我的学生。他勤于思考,为人笃实,对陶瓷艺术不仅师承精髓,而且敢于创新。其作品深受业内人士的喜爱。现在,他已经是教授级工艺美术师,而且还是江西省工艺美术大师,真是"桐花万里丹山路,雏凤清于老凤声"。

曹、于二人一个勤于笔耕,一个精于瓷绘,二人合著《景德镇釉里红史论》,可说是珠联璧合。此书不仅阐述了景德镇釉里红的肇始、衍变、工艺及釉里红珍品,而且还提出了许多独到的见解和理论观点,对普及陶瓷文化起到了一定的促进和推动作用。当然,"文章天下事,得失寸心知",这是一件值得庆贺的大事、好事,因为它改写了历史上釉里红彩类无"专著"的历史。

有人说过,执着地看准一个目标,就要努力地去实现这个梦想,关键是"千磨万击还坚劲,任尔东西南北风""千淘万漉虽辛苦,吹尽黄沙始到金"。景德镇是一部行进中的中国陶瓷发展史。每一个生活在景德镇的人,都应该为这部史书谱写点儿什么、奉献点儿什么,让自己在年老体衰之时,在风烛残年之际,可以扪心反思:"我是否无愧于这个时代?是否无愧于这个故乡?是否无愧于这里的人们?是否无愧于这长燃不熄的赤焰窑火?"

提笔欲言心萦远,展笺延书意不休。

是为序。

2019 年 5 月 16 日

目　录

第一章　绪论 ··· 1
　　第一节　釉里红肇始前的时代背景 ······································ 2
　　第二节　釉里红衍变中的民族心理 ······································ 3
　　第三节　釉里红传承后的文化积淀 ······································ 6

第二章　釉的肇始及发展 ··· 9
　　第一节　釉的发现 ··· 9
　　第二节　釉的分类 ·· 10
　　第三节　釉的意义 ·· 11
　　第四节　釉的文化内涵 ··· 11

第三章　釉里红的物化原理 ··· 13
　　第一节　釉里红的胶体元素 ··· 13
　　第二节　釉里红的辅助添料 ··· 13
　　第三节　釉里红的化学组构 ··· 14

第四章　釉里红的肌理特征 ··· 15
　　第一节　釉里红的发展轨迹 ··· 15
　　第二节　釉里红的物化特点 ··· 16
　　第三节　釉里红的装饰特点 ··· 17
　　第四节　釉里红的秘方破解 ··· 18

第五章　釉里红的工艺技法 ………………………………………………… 22

第一节　料色的元素特点 …………………………………………… 22

第二节　器皿的造型特点 …………………………………………… 22

第三节　绘画的工艺特点 …………………………………………… 23

第四节　烧制的窑温特点 …………………………………………… 23

第五节　釉里红彩绘工艺 …………………………………………… 24

第六章　景德镇的釉里红瓷 ………………………………………………… 26

第一节　元代复兴的釉里红瓷 ……………………………………… 26

第二节　明代御器厂的釉里红瓷 …………………………………… 27

第三节　清代御窑厂的釉里红瓷 …………………………………… 28

第四节　民国时期的釉里红瓷 ……………………………………… 30

第五节　当代的釉里红瓷 …………………………………………… 30

第六节　史料阐释的釉里红 ………………………………………… 31

第七章　存世珍品赏析 ……………………………………………………… 34

第一节　唐代(公元618—907年) ………………………………… 34

第二节　宋代(公元960—1127年) ………………………………… 36

第三节　元代(公元1206—1368年) ……………………………… 37

第四节　明代(公元1368—1644年) ……………………………… 43

第五节　清代(公元1616—1911年) ……………………………… 47

第六节　民国时期(公元1911—1949年) ………………………… 56

第七节　国外 ………………………………………………………… 59

第八章　其他铜红釉解析 …………………………………………………… 64

第一节　钧红 ………………………………………………………… 64

第二节　祭红 ………………………………………………………… 65

第三节　郎红 ………………………………………………………… 66

第四节	桃花片	67
第五节	玫瑰紫	68
第六节	辰砂釉	69

第九章　青花釉里红 ········· 70
　第一节　配画形式 ········· 70
　第二节　绘制工艺 ········· 72
　第三节　烧制要旨 ········· 73
　第四节　史上珍迹 ········· 73

第十章　釉里红相关术语简释 ········· 78
　第一节　窑口 ········· 78
　第二节　彩类 ········· 81
　第三节　烧成 ········· 83
　第四节　成型 ········· 85
　第五节　釉料 ········· 86
　第六节　装饰 ········· 87

第十一章　当代釉里红艺术名人佳作 ········· 89

参考文献 ········· 102

后记 ········· 103

第一章 绪 论

　　陶瓷装饰是指从创作设计的理念及角度出发,根据人们的物质和精神需求,利用不同的陶瓷材质和相应的工艺技术对陶瓷制品的表面进行艺术处理的总称。和其他实用的工艺美术一样,陶瓷装饰是审美功能、物质技术条件和艺术表现手法的综合体现,也是科学技术和艺术形式的统一。这既是陶瓷艺术的基本元素,也是人们评定艺术文化的审视标准。

　　随着历史的发展,陶瓷装饰的种类、技法和名目日益增多,基本上可归纳为釉下彩、釉中彩、釉上彩、颜色釉和综合装饰五大类,具体分类见附1。

　　本文阐述的釉里红,是釉下彩装饰中很重要的一个彩类。其历史悠久,几经兴衰,不仅结合了中国绘画艺术的笔绘手法,而且融合了窑炉学的苛刻原理。虽说从草创到成熟,从"秘制"到普及,历时千年,但直至中华人民共和国成立前夕,传世和秘藏的釉里红成品均佳作鲜见,精品不多。究其原因,关键是釉里红瓷对原料配制的严苛,对窑炉烧制气氛的极度敏感,故史料对其有"千窑一宝"之感叹。

　　"市上今传釉里红,唐窑独著百年中。黯然淡简温而理,都识先生尚古风。"清代学者龚鉽在《景德镇陶歌》中注释道:"用红釉绘画仍罩白釉,云起于乾隆间唐英造。"《中国陶瓷史》中称"釉里红是元代景德镇瓷工的重要发明之一"。从中可以看出,关于釉里红的起源有元代和清代的争论。应该承认,釉里红的起始当以史实、实物为依据,但任何考究的过程,都不排除在无史料甚至无实物的情况下,经过严谨的科学的推理、判断,从而得出最终的结论。这就好比把散落在海滩上的珍珠一颗一颗地拾起,经甄别、清理、排列,最后串联成一串光彩夺目的珠链,可谓"千淘万漉虽辛苦,吹尽黄沙始到金"。

　　笔者认为,要考证釉里红的发展过程,首先要分析釉里红肇始前的时代背景。

第一节 釉里红肇始前的时代背景

阅读的史料和考证的实物,都证明釉里红出现于元代,精于明代,盛于清代。据此推测,釉里红"肇始"的年代,必在元代之前,甚至在唐代乃至更早的时期。其实,从远古时期起至隋唐时止,陶器是主要的生活器物,到汉唐时才开始有瓷器,确切地说,是"原始瓷"。那么,这个阶段出现了什么特别的彩饰和工艺呢?

唐代是我国封建社会中的一个强盛的王朝。在其近300年的统治中,政治相对稳定的时期较长,封建经济空前繁荣,各民族之间交流频繁,对外交通也非常发达。当时的中国成为亚洲各国经济文化交流的中心,在国际上享有很高的声望。

在唐朝的全盛期,当时的首都长安(今陕西省西安市)不仅是全国的政治、经济、文化中心,也是国际贸易中心,人口多达百万,堪称世界一流的繁华城市。一条自汉代开通,以长安为起点,经过新疆向西到达古印度、波斯以及地中海东岸的"丝绸之路"和另一条从广州出海经海南岛到南亚各国的"陶瓷之路",不仅繁荣了中国与各国的经济贸易,而且促进了中国与世界各国的文化交流。陶瓷史上最能反映这种大唐盛世景象的,就是著名的唐三彩。

唐三彩是一种低温陶器,它用白色黏土做胎,以含有铜、铁、钴、锰等元素的矿物做釉料的着色剂。由于釉中加入了铅这一助溶剂,因此经过800摄氏度左右的高温烧成后,釉就呈现出深绿、浅绿、翠绿、黄、赭、白、紫、红、黑等各种色彩。由于铅釉的扩散和流动,各种颜色相互浸润,于是便形成了斑驳绚烂、光怪陆离的肌理效果。唐三彩实际上是一种多彩的陶器,而以"三彩"称之,是言其丰富多彩。唐三彩主要作为丧葬明器,从中可窥见唐代官民贵庶的风俗人情。

中国历代崇尚生死并重,事死如事生,相信死者的灵魂不会消逝,人死后必将在另一个世界里重新生活。在这种信仰的支配下,亲友们自然会用死者生前的有限的生产工具、生活用品以及食物和装饰品给死者陪葬。在唐朝时期,尽管活人殉葬的陋习已被废弃,但厚葬的风俗仍盛极一时,上至王公贵胄,下及平民百姓,即便是宫廷官府,也需要按官阶的高低,规定殉葬明器的数量及尺寸。据《唐会要》记载:"古之送终,所尚乎俭,其明器墓田等,令于旧数内递减。三品以上明器先是九十事,请减至七十事;五品以上先是七十事,请减至四十事。九品以上先是四十事,请减至二十事;庶人先无文,请限十五事。"可见明器虽有限制,但厚葬之风仍盛,明器大量生产,有的人物俑甚至高达160厘米,与真人无异。由此可见,唐三彩明器正是这种厚葬之风的产物。

作为明器的唐三彩器,它的造型反映了唐代社会生活的各个方面,诸如建筑类的楼阁、亭院、假山;动物类的马、骆驼、牛、羊、猪、狗、兔;人物类的僮仆俑、武士俑、天王俑、舞乐俑;日常生活用具类的瓶、罐、壶、盘、碗、灯、枕、烛台;文房用具类的小注、砚台,可以说一应俱全、无所不包。

唐三彩虽然主要用作随葬品,但是随着考古的挖掘,在一些唐代居民遗址中发现有大量残片,所以有专家认为,唐三彩在当时很可能不仅用作明器,还可能曾用作生活器皿。虽然三彩器使用的是含毒的铅釉,对人的身体有危害,但当时一般人不知道"铅中毒"的危害,把唐三彩用作日常生活器皿也是可以理解的。唐三彩器物,主要在首都(长安)、陪都(洛阳)附近的窑场烧造。其中就有唐代大诗人杜甫的家乡——河南巩县(今河南省巩义市)。据史料记载,巩县(今河南省巩义市)的小黄冶、铁匠炉村、白沙河乡等地,以烧三彩陶器为主,兼烧三彩陶器和绞胎瓷器。其周边的陕西铜川黄堡镇的黄堡窑、河北的邢窑和四川邛崃尖山子窑等,都以烧造三彩陶器闻名。

值得一提的是,瓷器的使用在唐代极为普及,瓷器烧造发展得相当迅速,形成了以河北邢窑为代表的白瓷和以浙江越窑为代表的青瓷系统,一般以"北白南青"概称之。河南巩县窑是白瓷系统的一部分,足见其生产规模之大、影响之远。爱美之心人皆有之,不排除巩县窑的陶工们为争得市场经济效益及创品牌效应而用唐三彩的釉色去装饰白瓷产品。史实证明,唐代青花瓷就出自巩县窑,所以,唐代釉里红瓷也有可能肇始于巩县窑,之所以如此断言,是因为釉里红衍变中的民族心理。

第二节 釉里红衍变中的民族心理

诚如前文所述,唐三彩虽是陶器,但与一般的低温釉陶不同,它的胎体用白色黏土(高岭土)制成,釉料则用数种金属氧化物作为着色剂,主要有三种,即氧化铜(烧成绿色)、氧化铁(烧成黄褐色)、氧化钴(烧成蓝色),并用铅作为釉的助溶剂,利用铅在烧制过程中的流动性,烧成黄、赭黄、翠绿、深绿、天蓝、褐红、茄紫等各种色调。据考证和科学物化测定,"褐绿"系含铁和铜的色料在釉下所呈现的肌理效果。据此推断,湖南长沙窑应是釉里红由北向南衍变途中的中转站。

将长沙窑有纪年的遗物与长沙其他唐墓出土的器物做比较,可以判断,长沙窑创烧于唐而终于五代。其器的装饰以釉下彩与模印贴花最有特色,釉下彩主要有"褐绿彩",褐彩的呈色剂为铁矾(氧酸亚铁),绿彩则是氧化铜在高温下形成的自然流散的块面结构。陶工们以褐色作线,以绿色填彩,画面从写实转为写意,构图简洁,形象生动。尤其是铜绿釉料,它在高温窑火中与瓷胎相互渗透、浸润,形成深、浅、浓、淡不同层次的色调,显得别具一格。褐绿彩装饰多用于日用瓷的壶流与壶柄两侧,以及枕面和碗底的中心位置。遗址发掘证明,长沙窑在晚唐时期的装饰风格,是在岳州窑青瓷的基础上发展起来的,而且受到了因"安史之乱"而迁徙至湖南的河南巩县窑的影响。其中,在唐三彩中使用的氧化铜随着工艺的探索而被广泛地运用于褐绿彩产品中,这既是自然而然的,也是顺理成章的。

随着时光的流逝和朝代的更迭,以唐三彩中的氧气钴为特质的青花瓷和以氧化铜为特质的釉里红终于在元代时于景德镇得到了成熟的发展。这两种釉下装饰的彩料历经坎坷横空出世,这是由中华民族心理因素所决定的。元代的统治者是蒙古贵族,游牧生活习惯使然,他们把征伐、搜狩、宴飨看作是人生中三件最重要的事情。至元八年(1271年),忽必烈改国号为"大元",宫廷典事日繁,于至元十五年(1278年)在景德镇设立"浮梁瓷局"。据《元史·百官志》记载,浮梁瓷局隶属将作院,"秩正九品,至元十五年立,掌烧造磁器,并漆造马尾棕、藤笠帽等事。大使、副使各一员"。这说明,当时的浮梁瓷局除烧造官府所需的瓷器,还负担军队所用的马尾棕及藤笠帽等物品的生产。史学家对在景德镇设瓷局一事似有疑问,因为在宋末元初,仅存的北方诸窑残垣不再,南方名窑尚有龙泉,为何忽必烈舍弃龙泉而取景德镇呢?其实以明代的陶宗仪在《辍耕录》所言的元人"国俗尚白,以白为吉"来解释,恐怕就不难理解了。由于蒙古人崇尚白色,因此他们建立政权之后,就以白瓷为官府用瓷,这是尊重民族传统习俗的体现,也是民族心理本能的反映。而青花瓷的出现,是与中东地区发展贸易的需要。据元朝学者苏天爵在《元朝名臣事略》卷五《杨忠肃公》中的记载,元太祖使用的盛酒器皿,是槽口镶金的金属制品。意大利人马可·波罗在他的《马可·波罗游记》中也谈到,元代皇帝的御用餐具是漂亮的镀金金属制品。可见,元代青花瓷在当时并不作为宫廷用瓷使用,元朝宫廷督办青花瓷主要是为了满足与中东地区的贸易的需要,元青花的器型和纹饰也是为适应中东地区伊斯兰民族的生活习惯而设的。

与元青花同时亮相的元釉里红为什么没有像元青花那样炫目于世呢?笔者认为,原因有以下几点:

1.《元典章》规定民间禁用的颜色有九种,分别是柳芳绿、天碧、真紫、鸡冠紫、迎霜合、栀红、红白闪色、胭脂红、赭黄。这些颜色中与红色有关的就有五种,"违规有悖者,严惩不贷"。

2. 釉里红与青花瓷一样同属釉下彩,但对窑温的要求非常高,虽偶有佳品,但窑工们也不敢坦然自信地承担必成的责任。

3. 由于蒙古族和汉族审美理念的差异,汉族人为避免杀身之祸,不敢让元釉里红面市,故多藏匿不露。

但是,任何新鲜事物都有旺盛的生命力。元朝统治不足百年之后,朱元璋建立了明朝政权,恢复了汉制,汉人"以红为贵"的民族审美观遂取代了蒙人"以白为吉"的民族审美理念。

朱元璋是一个农民出身的开国皇帝,有十分独特的身世和经历。他早年投身红巾军,在他看来,红彤彤的颜色象征光明和胜利,是吉祥的象征,这一点与汉人视红为吉祥、富贵是一致的。关于朱元璋对红色的崇拜,吴晗先生在《朱元璋传》中通过对大明国号"明"字的剖析,揭示了其中的奥秘。他说:"'明'是光亮的意思,是火,分开是日和月。古礼有祀'大明'、朝'日'夕'月'的说法。千百年来,'大明'和日月都算是朝廷的正祀。"此外,"新朝是起于南方的,和以前各朝从北方起事平定南方恰好相反。拿阴阳五行之说来推论,南方为火,为阳,神是祝融,颜色赤;北方属水,主阴,神是玄冥,颜色黑。元朝建都北平,起自更北的蒙古大漠,那么以火制水,以阳消阴,以明克暗"。由此可知,朱元璋将国号定名"大明",就已经暗含着对红色的崇拜。因此在洪武三年(1370 年)朱元璋正式颁布了"以红为贵"的旨意,并要求宫殿外皆以红色为装饰。这也为釉里红的发展提供了极佳的外部条件和有利的氛围。

值得深思的是,景德镇陶工在烧制釉里红时发现,氧化铜在低温氧化气氛中常烧成绿色,这与长沙窑的"褐绿彩"的发色效果一致;在高温还原气氛中,则会烧成红色。著名陶瓷考古专家冯先铭先生在《中国陶瓷》一书中说:"我国最早使用铜在高温还原气氛中产生红色的,是唐代的长沙窑。唐代长沙窑已经有釉下用铜描绘花纹图案,用高温在还原气氛中烧成的早期釉里红瓷器,但当时的胎、釉都无法和元代景德镇的制品相比拟。"如此,一条明晰的连接线摆在了人们面前:唐三彩—褐绿彩—釉里红;巩县窑—长沙窑—御器厂。这正应了艺术学的观点,即一种艺术形态的产生,离不开民族心理的渗透作用,同时折射出其背后的文化积淀。

第三节　釉里红传承后的文化积淀

釉里红在唐代长沙窑尚处于原始阶段;在元代景德镇进入了成熟发展时期;在明代则进入了精致盛行的黄金时期;在清代又处于"藏家偏好釉下彩,谁个不识釉里红"的鼎盛阶段。

纵观中国陶瓷艺术,我们在装饰方面可以非常明显地看到其与外国陶瓷装饰的差别,在器型、釉色、彩料、结构、装饰形式等方面,都有很大的差别。产生这种差别的原因是多方面的,除传统工艺图案的影响,还有一个更重要的原因,那就是悠久的民族文化历史和深厚的文化积淀。

就釉里红的装饰技法来说有三:一是线描,即在坯胎上用线条描绘各种图案花纹,这是釉里红最主要的装饰方法;二是拔白,其方法是或在坯胎上留出所需的图案花纹部位,或在该部位上刻画出图案花纹,用铜红料涂抹其他空余之地,烧成后的图案花纹即在周围红色之中以胎釉本色之貌显现出来;三是涂绘,即以铜红料成片成块地涂绘成一定的图案花纹,形成"剪影"的物象效果。这三种釉里红装饰形式中,釉里红线描最难,因为高温铜红料的烧成条件比较严格,而且线描釉里红器往往会出现"飞红"现象,因此常有违绘画者的创作初衷。故较之拔白及涂抹釉里红器,线描釉里红器更少见,因而弥足珍贵。

中国文化对陶瓷装饰的影响是很深远的。各种装饰形式都能够适应陶瓷材质和工艺技法,并在其结合的过程中产生新的嬗变,从而形成独具一格的陶瓷艺术装饰语言。釉里红绘画经过不断的丰富和发展,成为明清时期以及近现代陶瓷艺术的一个重要组成部分,也成为中国陶瓷文化中不可或缺的构成要件。

系统地研究景德镇釉里红瓷的肇始、衍化、嬗变、发展的历史,我们义不容辞、责无旁贷。因为笔者学识尚浅、资历不足,仅能根据釉里红装饰的一些零碎资料及不多的实践经验,一叙管见。唐代史学家刘知几说过:"文约而事丰,此述作之尤美者也。"清代学者顾炎武则说:"辞主乎达,不论其繁与简也。繁简之论兴,而文亡矣。"双方似乎各执一端,但有论总比无论好,拙作权当抛砖引玉,冀望方家不吝赐教。

附1 陶瓷釉彩装饰分类表

釉下彩装饰
- 青花——手工绘制、戳印花、贴花
- 玲珑——素玲珑、映玉玲珑、青花玲珑、彩色玲珑(镂雕、半刀泥、手工绘制、印花、贴花)
- 釉下五彩——手工绘制、印花、喷花、贴花
- 雕刻花——堆雕贴花、影青刻花、刻填花、半刀泥
- 釉里红——手工绘制

釉中彩装饰
- 手工绘制
- 贴花

釉上彩装饰
- 古彩——手工绘制
- 粉彩——手工绘制、喷花贴花
- 新彩——手工绘制、戳印花、贴花、泼彩、喷花、刷花、瓷像
- 珐琅彩——手工绘制
- 红绿彩——手工绘制
- 浅绛彩——手工绘制
- 墨彩——手工绘制
- 广彩——手工绘制、贴花

颜色釉装饰 { 颜色釉——高、低温颜色釉
艺术色釉——结晶釉、无光釉、纹片釉、珍珠釉

综合装饰 {
青花斗彩
色釉刻花(浅黄三彩,又称"素三彩""娇黄三彩")
青花釉里红
影青青花
色釉堆花及堆花加彩
铁骨泥秋纹器
珐华彩
镂空加彩
珊瑚描金
开光(色釉开光、青花开光、釉上彩开光)

第二章　釉的肇始及发展

釉是陶瓷器物的外衣,它是紧贴陶瓷坯体表面的一层玻璃体和晶体的混合层。

在陶向瓷的过渡和转化过程中,釉从发现至应用,起了十分重要的作用。在中国陶瓷史中,釉是与原始瓷一同诞生的,它的发明和应用更具有划时代的重要意义。

第一节　釉的发现

早在新石器时代,我们的先民们就发明了制陶术。在相当长的一段时间里,陶器是没有釉的。无釉的陶器不能完全满足先民们生活的使用需求和审美需求。因为他们从实用性方面和审美需求方面都希望陶器表面光洁。光洁的表面不仅可以使器物结构致密,减少其表面的气孔,使其不易渗水,便于洗涤,延长食物的保存时间,还让器物更加美观,适于加彩装饰,等等。生产的发展促使先民们不断寻找解决矛盾的方法,在发现釉之前,先民们为使陶器表面光洁,采用了两种原始但有效的方法,一是打磨法,二是树脂涂抹法。前者是在坯体半干时,用鹅卵石或竹木工具打磨器壁表面,经过打磨的陶器表面的高低不平的结构已被填补平齐,使片状矿物颗粒与坯体表面齐平排列,减少了光线的散射,增加了光线的反射,所以烧成之后的陶器表面光洁明亮;后者是把烧好的陶器从炭火中取出,将一种褐色的树胶涂抹于陶器表面,使树胶渗入其中。陶器冷却后,表面便有了光亮、透明的保护层,这层保护层有防止液体渗透的功能。

到新石器时代中期,陶器制作者有了陶轮和窑炉。陶轮和窑炉的出现、烧成温度的提高和烧成气氛的初步控制等,都为商代制陶工艺达到更高水平提供了必要的物质条件,也为陶向瓷转变奠定了坚实的基础。

由于窑炉等基础设施的出现,商代烧制陶器时的窑温可达1100摄氏度以上。在景德镇,陶工们常常会发现,窑壁、窑具和器物上出现一层薄的"老亮面",窑工们戏称其为"爆汗""窑汗""窑蜡";有好事者记之为"泑""釉""油"和"锈",即史料中所说的"垩泽"。清代浙江钱塘人梁同书在《古窑器考》一书中说:"釉水,谓之垩泽,出新正都,曰'长岭'。"清人朱琰又说:"釉无灰不成釉,灰出乐平县,在景德镇南百四十里,以青白石与凤尾草制炼,用水淘细而成。"这里不仅介绍了釉的发现,而且记述了陶工们如何配制人工合成的石灰釉,即碳酸钙釉。

谈到釉的发明,应该明确指出,我国最早出现的釉是与器物本身一次烧成的高温釉,而汉代釉陶的铅釉是低温釉,它是在商周时的高温釉之后出现的。

釉的发现和发明使中国的制陶术获得了飞跃式发展,标志着瓷器发明的条件已基本具备。瓷器是中华民族的伟大发明之一,高温釉的发明和使用,在其中起了至关重要的决定性作用。高温釉也是我们鉴定、评判一件器物是陶还是瓷的重要标准。日本著名陶瓷专家小山富士夫先生评价高温釉是"汉人创造发明的东方独特的釉法……它与活字印刷、指南针、火药、造纸术等发明一样,大概应看作是汉族人炫耀于世界的伟大发明之一"。

第二节　釉的分类

釉是附着于陶瓷坯体表面的玻璃质薄层,具有与玻璃类似的某些物理与化学性质,一般以石英、长石、黏土等为原料。其化学组成分为氧化硅、氧化铝、氧化铁、氧化钛、氧化钙、氧化镁、氧化钠等。

釉按照不同的标准可分为不同的种类,大致如下:

按配料组合的不同,可分成石灰釉、长石釉、铅釉、无铅釉、食盐釉等;

按制备方法的不同,可分为生料釉、熔块釉;

按烧成温度的不同,可分为难熔釉、易熔釉;

按外观特征的不同,可分为透明釉、乳浊釉、颜色釉、结晶釉、无光釉、变色釉、裂纹釉等;

按坯体种类的不同,可分为瓷器釉、陶器釉、炻器釉等。

我国日用瓷生产使用的主要是长石釉和石灰釉两大类。

由于所含金属氧化物的不同,以及烧成气氛的差异,釉色有青、黑、绿、黄、红、蓝、紫等色。必须指出的是,在"南青北白"时期,北方诸多名窑烧制的白瓷,其釉质并不是白釉,而是接近无色的透明釉。

第三节 釉的意义

釉的发明满足了人们的使用要求:陶瓷器皿表面更加光滑,更易于洗涤,储存液体时也不会渗漏。同时,它可以调整器物表面的颜色,增加美感。随着时代的发展,人们对釉的要求越来越高,对釉的探索也越来越深入,基于这个目的,许多名贵的色釉品种,如宋代的官、哥、汝、钧、影青,元代的祭红,清代的郎窑红、豇豆红、冬青、茶叶末等高温釉相继问世,并受到人们的喜爱。同时,汉代釉陶、唐代的唐三彩,再到明清时期的五彩缤纷的低温色釉也应运而生,为陶瓷艺术开辟了广阔的装饰天地。

不可否认的是,釉的发明为陶瓷装饰提供了绚丽多彩的舞台,也为中华民族的传统文化的展示提供了得天独厚的载体。釉下彩、釉中彩、釉上彩是中国随后发明的彩绘技法,如青花、釉里红、白地黑花、铁锈花、红绿彩、五彩、斗彩、粉彩等,各以独特的艺术风格著称于世。而其独特的艺术魅力,除与自身的工艺技法相关,还与釉色相关。1985年,景德镇著名陶瓷美术家潘文复先生在高温颜色釉瓶尊上做了施画粉彩的试验,提出了"因釉施画"的"色釉粉彩"的新概念,这一概念引起了中外美术界、陶瓷界、考古界的极大关注。

第四节 釉的文化内涵

从商周原始瓷的烧制情况来看,化验其釉质,釉中氧化钙(CaO)的含量达15%以上,属于灰釉。氧化钙是助熔剂,能使釉的熔融温度降低,使釉在较低的温度中玻化。釉不仅能使原始瓷器表面光滑、不易被污染,而且能为制品增添色彩,同时也为瓷器的进一步美化和装饰提供了便利。从无釉到有釉、从单色釉到多色釉,这是中国陶瓷工艺的巨大进步,为确立中国瓷器在世界上的地位奠定了工艺基础。

釉是有颜色的,釉色的选择也是制瓷人为适应社会审美心理经过慎重考虑而做出的决定。景德镇窑在北宋时期创烧出一种青中显白、白中泛青的"影青瓷",这在朝野间引起了极大的震动。因其质莹润如玉,故世人称其为"假玉器"。玉器历来属于稀有物,被统治阶层垄断、专用。景德镇的影青瓷是在青白玉可遇而不可求的情况下出现的,因此,它一出现就受到了人们的喜爱。词人李清照在《醉花阴》中有"玉枕纱橱"的词句,这里的"玉枕"即色质如青白玉的影青瓷枕。此后,元代影青瓷碗有题印"玉出昆山"和"玉出昆冈"等字,表明影青瓷是仿玉器而做的,寓意明显。试想,如果没有施用于影青瓷的那层似玉的釉,那景德镇的制瓷影响力和对陶瓷文化的独特贡献将不如今天这般巨大。

第三章　釉里红的物化原理

陶瓷色釉按照着色机理的不同，分为离子着色、胶体着色和晶体着色三种。釉里红属于胶体着色色釉。其物化原理分述如下：

第一节　釉里红的胶体元素

所谓"胶体着色色釉"，指的是釉色来源于其中的发色胶粒。这种胶粒的规格很小，肉眼甚至普通显微镜都无法观察到，只能凭借超倍显微镜或利用丁达尔效应，才能证实它的存在。

胶体色釉的呈色不仅与胶粒的特性和大小有关，而且与胶粒在釉玻璃中的浓度也有密切的关联。包括釉里红在内的铜红釉在古代和今天都属于名贵的色釉，关于它的发色机理目前还缺乏统一的认识。一般认为，铜红釉是由氧化亚铜胶体着色的。釉里红通常用氧化亚铜、氧化铜、铜花或铜灰作为着色剂。这些原料在还原气氛下转变成氧化亚铜并融入釉中，成为釉玻璃中的网状外体离子。这时的玻璃釉是无色的，冷却后，析出氧化亚铜分子，然后氧化亚铜分子进行适当的聚集就形成了红色的氧化亚铜。

铜红釉的基础釉中应有低熔点的氧化物，使釉的黏度变小，从而有利于氧化亚铜分子的聚集。正因为如此，包括釉里红在内的铜红釉极易发生流釉现象。

铜红釉中加入 $0.05 \sim 0.1$ 当量的氧化铜时，呈淡红色；加入 $0.1 \sim 0.15$ 当量的氧化铜时，则呈铜红色。

第二节　釉里红的辅助添料

明清时期的景德镇陶工往往在釉料中掺入"窑渣"。这种渣料中含有钙、镁、铁、钛、锰、钴、磷的氧化物。在铜红花釉中,它是使瓷器呈现蓝色流纹的重要添料。这种窑渣由景德镇过去用凤尾草做燃料烧蓝花碗的槎窑所产,呈灰黑色块状,是黏土砖、柴灰与蓝花瓷釉的挥发物在高温下的结合体。窑渣捡来之后,需洗净尘土,粉碎过筛,以备烧造釉里红瓷时用。

第三节 釉里红的化学组构

铜的化合物能配置红、绿、蓝等色釉。含铜的天然矿物常用的有孔雀石[$Cu_2(OH)_2CO_3$]、蓝铜矿[$2CuCO_3 \cdot Cu(OH)_2$]、铜花(铜器加工过程中产生的铜屑);化工原料有氧化铜(CuO)、碱式碳酸铜[$Cu_2(OH)_2CO_3$]、氧化亚铜(Cu_2O)、氯化铜晶体($CuCl_2 \cdot 2H_2O$)、硫酸铜晶体($CuSO_4 \cdot 5H_2O$)。用含铜的化工原料配置色釉,操作简便,发色均匀。

铜的呈色与基础釉和烧成气氛有密切关系。如烧制釉里红时,还原气氛过重会导致釉呈暗红色。釉料组成中含有约10%的氧化锡(SnO_2)和0.5%的三氧化二铁(Fe_2O_3),有助于铜还原成红色。三氧化二铁的含量过高会导致釉呈紫红色。铜在碱性无铅釉中呈蓝色,在铅釉中呈绿色。

第四章　釉里红的肌理特征

釉里红是我国传统的陶瓷釉下彩装饰之一。顾名思义，它是用一种装饰彩料在坯体上描绘出各种纹样，上面罩以透明釉，入窑烧成后，在釉里透出红色纹样的陶瓷产品。在陶瓷装饰史中，釉里红和青花一样，都脱胎于唐三彩，经过陶工千百次的实践探索，终成正果。相传，宋代时就开始了釉里红的制作。据《中国陶瓷史》一书记载："釉里红是元代景德镇瓷工的重要发明之一。"笔者认为，釉里红是唐代巩县窑从唐三彩中利用铜红料烧制的试品，经过湖南长沙窑的褐绿彩转换，釉里红在元代景德镇发展成熟。

第一节　釉里红的发展轨迹

创烧釉里红瓷品的是河南省的巩县窑。正如巩县窑创烧出青花瓷一样，陶工们利用唐三彩的釉料在烧制明器的余暇之时，开发出满足社会之需的日用产品。

由于战乱频繁，北方诸多名窑难以为继，研制釉里红的重点窑事转到了湖南长沙窑。然而，由于长沙窑没有熟练掌握关键的窑温气氛，因而铜红釉在氧化气氛中呈绿色（在还原气氛中呈红色），成了长沙窑褐绿彩的特色产品。"浮梁瓷局"在景德镇设立后，出于民族审美的文化心理，元代忽必烈王朝在征伐、侵城、屠掠的过程中，在攻占城池时，"遇城必攻，唯匠可免"，俘获的一大批名窑陶匠被发配至"浮梁瓷局"，充当工奴。"工匠来八方，器成天下走。"釉里红同青花一起在景德镇发展成熟，就毫无疑问了。

尽管从烧制技术上来说，元代釉里红瓷品也有一些精美之作，但传世与出土的品相完好的釉里红瓷品不多。釉里红在历史上最负盛名的时期是在明代宣德时期、清代康熙和雍正两朝。宣德时期的釉里红成品"除少数鲜红外，大多数色泽较淡,但十分幽美"。清代康熙时期基本掌握了釉里红的烧制技术,发色也比较稳定,呈淡红色;雍正时期的釉里红的烧制技术更趋成熟,呈鲜红色。明清时期的釉里红制品受到了朝野官民的喜爱,官窑、民窑都大量烧造,虽然难度很大,但仍有不少精美之作产生。

中华人民共和国成立后,釉里红的烧造在中断了一段时期之后,又得到了恢复与发展。二十世纪五十年代初期,景德镇陶瓷研究所集中了一批老艺人、技术人员进行技术合作,整理出釉里红的配制工艺资料,在柴窑中成功地烧出一批发色纯正、造型规整、画面颇佳的釉里红产品。二十世纪七十年代,柴窑改煤窑后,为了使产品发色适应工艺的变化,江西省陶瓷研究所的技艺人员经过艰苦的、长期的努力,试验出在煤窑炉中烧制釉里红的配方和制作工艺,并努力地朝稳定发色的方向去深化,为釉里红的扩大生产做了不懈的有效的积极贡献。随着窑炉的改进和发展以及燃料热值的提高,釉里红的烧成得到了有效的控制,釉里红的艺术创作也获得了更广阔的空间。

第二节 釉里红的物化特点

釉里红的彩料配制是釉里红烧制工艺中的关键技术之一,它对釉里红的发色起决定性作用。釉里红以铜的化合物为呈色剂,属铜红系列。景德镇的釉里红配料各有各的做法,但基本配料有一个共同的特点,那就是都离不开铜花、玻璃和瓷土矿石,只是在配比和添加剂上有些差别而已。景德镇人俗称的铜花,是在打制铜器时留下的铜屑,呈灰色,淘洗掉灰尘后即可使用;玻璃,就是普通的玻璃,经粉碎后即可使用,在选用玻璃时要注意玻璃的颜色;瓷土即瓷用原料,如寒水石、陈湾釉石等。现代配方一般用氧化铜代替铜花。

景德镇传统釉里红的配方变化较大,这里仅列举《日用陶瓷手册》中介绍的通用配方:

| 铜花 | 0.25% | 寒水石 | 0.26% | 陈湾 | 83.5% | 白玻璃 | 0.16% | 釉灰渣 | 15.73% |

而《景德镇的颜色釉》一书则把釉里红与桃花片视为同一配方,即:

| 铜花 | 10% | 玻璃 | 25% | 寒水石 | 65% |

《陶瓷装饰材料学》一书的作者在该书中称,通过反复试验、反复验证,成功的、发色较稳定的釉里红配方是:

| 二氧化硅 | 1.67份 | 碳酸钙 | 24份 | 氧化亚铜 | 0.8份 | 酸磷 | 0.8份 |
| 碳酸钠 | 0.39份 | 碳酸镁 | 8.5份 | 酒石酸 | 1份 | 活性炭 | 2份 |

彩料的配制要点是:按配方的分量严格计量,彩料混合后放入湿式球磨机中研磨,一段时间后,取出彩料,再手工研磨,彩料研磨至极细才能使用。

第三节 釉里红的装饰特点

纯釉里红的传统装饰有两种工艺方法:一是将彩料直接绘于坯胎上,罩青白釉后入窑烧成;二是先在坯胎上施一层稀薄的青白釉作为底釉,再用彩料进行绘画,最后罩面釉入窑烧成。此种彩料的呈色介于两层青白釉之间,故名"釉里红"。早期釉里红彩绘多用前者,现代釉里红的装饰多用后者。

釉里红有以下几个装饰特点,无论采用何种方式都行,只要产品表现完美即可。也就是通常所说的,不讲过程只看结果。

1. 釉里红的彩料必须磨得精细才能用于绘画,颗粒太粗不仅会增加绘画的难度,而且会影响颜色的发色,增加作品产生质量问题的可能性。

2. 彩料中脊性原料较多,因此即使研磨得很细也容易沉淀,这就要求创作者在绘画过程中要经常搅动料碟中的彩料,不能料水分离。彩料的稠与稀,可依绘画者的使用习惯而定,但应注意彩料不可太稠也不可太稀,太稠会拉不开线条,太稀则料层不厚,影响发色。

3. 绘画时可能会采用重笔,但应注意重笔不宜过多。重笔过多很容易导致质量问题,也会影响发色。绘制时一笔成功或尽量少采用重笔,有助于取得较好的发色效果。

4. 一方面,由于釉里红的彩料要有一定的厚度才能保证发色,在这样的厚度下很难画出较细的线条;另一方面,铜红的发色很不稳定,在一定的厚度下,又不太可能清晰地分出丰富的色阶,而且彩料有时也会出现晕散的现象。故釉里红的特性对创作者提出了特别的要求:创作者在进行釉里红画面设计时,为力求达到理想的效果,一般采用粗放的写意笔触,不注重细部的刻画和精细的线条，而注重水路安排和整体效果，尽量利用彩料的发色特点和晕散效果。

5. 釉里红的烧成温度较高，而且在一定的温度下才能达到理想的发色效果，釉料在烧成过程中极易流动，尤其是在垂直的平面上，如瓶壁。因此，创作者在绘制时要根据纹饰设计的要求和色彩特点，准确掌握不同部位的彩料厚度，做到既要保证发色效果，又要考虑控制"流"的程度。创作者在设计时，基于对"流"的程度的认识，也会有意识地利用彩料"流"的特点，达到手绘所达不到的"妙手偶得""宛若天成"的视觉效果。

6. 釉里红用的绘画技法多为点描、线描和涂拓的技法。创作者绘画时要根据画意、彩料、技法、器型和个性风格选择合适的技法，因器施画，因材施画，创作出立意新、技法巧、器型美、个性强的好作品。

第四节 釉里红的秘方破解

景德镇釉里红瓷器在明清时期进一步丰富和发展，并风行中外。面对这"绿如春水初生日，红似朝霞欲上时"的釉里红，当时的外国人无不感到惊喜，他们急欲揭开其中的奥秘，以得到被誉为"千窑一宝"的珍品的真谛。在外国人看来，釉里红是从"朱砂"中衍生出来的，即产生于辰砂釉。

1848年，法国的色佛尔皇家陶瓷厂首次对辰砂釉的化学组成做了分析，其后又不断提高辰砂釉的质量。该厂做了多次釉里红调配实验，力图揭开釉里红的奥秘，故很少通过文献介绍实验结果。根据美国人亨贝克（A. Henback）的说法，除了金和铬矾土，使用红色色料和铜盐类是不可能制出釉里红的。

德国人塞格尔曾宣称，将辰砂釉的配制及其烧成方法运用于釉里红的制造，不是不可能。尽管如此，釉里红始终未在欧洲正式投入生产。

清代釉里红的制造技术实在令人惊叹，但人们认为铜盐类的红色色料的呈色效果不够稳定。

日本陶瓷研究所也开展了釉里红配方的实验和破解工作：首先用阶梯窑以还原焰烧成呈色为红色且扩散性不大的釉里红，并将高度稳定的釉里红运用于青花瓷，以图其工业化生产。

单纯从实验结果来看，采用小型煤气炉那种能任意控制火焰和烧成时间的窑炉来制造扩散性小的釉里红是有可能的。但是,采用阶梯窑那种不易控制火焰的烧成窑,就难免会发生窑变。

按实验顺序,日本陶瓷研究所的工作人员先在不使用熔块的情况下,试制了釉里红,研究了试验结果;后在使用熔块的情况下,试制了釉里红,检验了它的扩散性。

红色色料发色效果的比较

铜是釉里红的主要着色剂,这是众所周知的。使画面呈色的铜,被称为红色氧化铜。然而,人们并不了解发色艳丽的红色氧化铜是用什么铜盐制成的,而仅凭想象,它只不过是用经过粉碎的天然的含铜矿物质制成的。

要制得扩散性小的釉里红,所使用的坯体、烧制中所采用的火焰和气氛等固然重要,但釉料及其主要发色剂、用量和发色辅助剂等也很重要。

在实验中,实验人员把氧化亚铜、碱式碳酸铜、草酸铜作为铜的发色剂,进行了发色试验。

氧化铜和草酸铜的比较(铜的含量相同时)

基础发色剂的添加量如下:

基础发色剂	编号	
	1 号	2 号
高岭土	70	70
天草石	20	20
石灰石	10	10
氧化亚铜	10	—
氧化锡	10	10
草酸铜	—	11.4

注:上表中的草酸铜是不溶性的,根据 $Cu_2C_2O_4$ 进行计算和调配。

上表中的 1 号和 2 号是红色色剂。把它们绘制在试体上,施以如下组成的钡釉,再置于阶梯窑内进行烧成,出窑后加以比较。结果是:使用草酸铜的 2 号比 1 号呈绿色之处更多,但发色不如 1 号好。

$$\text{钡釉} \quad \left. \begin{array}{l} 0.4K_2O \\ 0.3BaO \\ 0.3CaO \end{array} \right\} 0.5Al_2O_3 \cdot 5.0SiO_2$$

长石	49.18%
高岭土	6.25%
碳酸钡	18.81%
石英	18.87%
石灰石	6.89%

碳酸铜(碱性)与孔雀石的比较

实验所使用的孔雀石来自日本秋田县的阿仁矿山。这种原料是一种带有美丽的孔雀色的晶体,在使用前要经过粉碎。

无论是孔雀石还是碳酸铜,都要单独使用,且不能使用稀释剂。若铜的用量为1,则氧化锡的用量须增加1.0~1.5倍,这样的效果最好。

编号	孔雀石	碳酸铜	氧化锡	比例(铜：锡)
1	2.6	—	3.2	1:2.0
2	2.6	—	2.4	1:1.5
3	2.6	—	1.6	1:1.0
4	2.6	—	0.8	1:0.5
5	—	2.21	3.2	1:2.0
6	—	2.21	2.4	1:1.5
7	—	2.21	1.6	1:1.5
8	—	2.21	0.8	1:0.5

将干坯用作稀释剂的情况

编号	干坯	氧化铜	氧化锡
1	70	20	10
2	60	30	10
3	60	20	20
4	50	40	10
5	50	30	20
6	50	20	30
7	40	50	10
8	40	40	20

续表

编号	干坯	氧化铜	氧化锡
9	40	30	30
10	40	20	40
11	30	60	10
12	30	50	20
13	30	40	30
14	30	30	40

结果

将施了钡釉的试体置于阶梯窑内,以还原焰进行烧成。

若干坯的添加量多于50%,且氧化锡的作用量少,则色料扩散性变大,呈色不佳。若增加氧化锡的用量,则扩散性变小,呈色稍好一些。

若干坯的用量少于50%,且氧化锡的用量多,则色料虽扩散性变小,但呈色不佳。

干坯的用量以30%为宜,氧化锡的用量约为10%,氧化铜的用量约为5%~10%,此时,色料虽呈褐色,但扩散性变小。

经过多次试验,日本终于试制出釉里红的仿制品。但包括日本的古董商在内的陶瓷行家一致认为,日本仿制品只对普及釉里红起到了一定的积极作用,若"以假乱真",恐怕只会弄巧成拙。

第五章　釉里红的工艺技法

釉里红的生成及发展历经坎坷，由于各种主观原因和客观原因的影响，至臻至美的成品瓷极为罕见，即使偶有妙品，也被秘藏而不示人。无怪乎清代文人潘习儒赋诗感慨道："世上久闻釉里红，欲赏困守云雾中。借得残杯识其妙，夜梦神游御窑风。"

欣赏纯釉里红成品，必须了解和熟知其工艺技法及相关的元素特点。

第一节　料色的元素特点

从专业角度来讲，了解釉里红配方中的化学组成部分，是熟知釉里红的真实面目的科学态度。下面列举的是常用的釉里红配方组成：

主要成分	SiO_2	Al_2O_3	Fe_2O_3	MgO	CaO	CuO	K_2O	Na_2O	累计
含量(%)	67.14	15.13	0.73	0.59	9.54	0.26	2.08	4.22	99.69

第二节　器皿的造型特点

由于釉里红彩料清者易挥，厚者易流，故采用釉里红装饰的陶瓷器皿的品种和规格有一定的要求。从历史遗品的器皿种类来看，釉里红器皿大多为：高足碗、各种高足杯、各种圆盘、各种中等规格的瓶尊、各种较为硕大的罐坛、各种规格不一的瓷板。

不管何种器皿采用釉里红绘画，都必须做到"色不乱流，坯不乱蹭，釉不乱拓，画不乱改"，力求因材施画、因器施画，使器皿与釉里红的结合相得益彰，达到珠联璧合的艺术效果。

第三节　绘画的工艺特点

首先，必须分析釉里红彩料的性能对釉里红装饰瓷器的影响和可能产生的效果。

尽管釉里红彩料的颗粒经研磨变得很精细，但还是有些粗，用釉里红彩料在坯体上绘画时常感觉到"滞笔"，难以画出非常精细、流畅的线条，并且只有一个较浓的色阶，不能表现出多层次的效果和明暗对比的效果。同时，在画的过程中须蘸一笔画一笔，笔中含料不多，因而难以进行大面积的平涂。此外，彩料还容易沉淀，所以与青花分水类似的技法也不可照搬。加上釉里红彩料对烧成气氛极为敏感，因而上乘的釉里红成品产量低，呈色也不统一。所以釉里红彩料不可能大量地被运用到日用配套瓷上，而多被用于表现艺术呈色瓷及高档文具瓷和极具个性的礼品瓷。

从以上分析不难看出，釉里红装饰受到其功能效用、材料性能和工艺技法的制约。在装饰内容和表现形式上，釉里红绘画与其他彩类既有相同点，也有其特殊之处。就工艺技法而言有以下几点：

（一）**线描**　即在坯胎上用线条描绘各种不同的图案花纹，这是釉里红瓷器最主要的装饰方法，但由于釉里红的烧成条件比较苛刻，窑温过高往往会产生"飞红"的现象，因此用细线条描绘图案花纹的釉里红瓷器烧成比较困难，故线描之法极少被运用。

（二）**拔白**　此方法或在坯胎上留出所需的图案花纹的部位，或在该部位刻画出图案花纹，用彩料涂抹其他空余之处，烧成后，图案花纹即在周围红色之中以胎釉本色呈现出来。

（三）**涂绘**　即将彩料成片或成块地涂绘成一定的图案花纹。

釉里红拔白及釉里红涂绘这两种方法都能减少"飞红"现象的发生概率。从推断上来看，涂绘技法的使用似乎早于线描技法。

第四节　烧制的窑温特点

传统的釉里红是以氧化铜为呈色剂，在 1280 摄氏度的还原焰中烧成的。

铜对窑内的气氛十分敏感,在不同的烧成气氛中,其发色也不一致,而且在还原焰中烧成才会呈现红色;铜在高温中易挥发,俗称"飞红",烧成的范围较为狭窄,这也增加了它的烧成难度。气氛稍有变动或者温差变化较大,都有可能导致釉里红的发色达不到预期的效果,不是泛灰,就是发黑、发紫,有时甚至失色。因此,烧成工艺是釉里红成败的一个重要条件。

传统的釉里红产品是在柴窑中烧成的。满窑时,釉里红产品放在"拉背"二路、三路后的重二和重三的位置上。二十世纪七十年代初期,柴窑被改为煤窑,这对釉里红的烧成带来很大的影响,因为铜在煤窑中不发红色,因此,这一改变对釉里红的烧成阻碍极大。通过调整配方和烧成工艺,虽然釉里红的烧制取得了重大突破,在煤窑中也能够烧造出发红色的产品,但与优秀的传统釉里红制品比较,发色效果仍存在一定的差距。主要问题是:煤窑烧制的釉里红发色多偏暗,或者没有绿斑与青白色的间色点,发色晕散至通体,类似郎红,故有人怀疑它不是真的釉里红。随着时代的发展和陶瓷科技的进步,油烧隧道窑和气烧梭式窑得到了进一步推广和运用。二十世纪九十年代初期,江西省陶瓷研究所在开发新瓷品的过程中,利用气烧梭式窑,运用现代科技有效地控制了釉里红的烧成温度,以满足釉里红对烧成气氛和温度的要求,这不仅使釉里红的发色更加稳定,而且也提高了发色的纯正度。

第五节　釉里红彩绘工艺

釉里红是铜红料里唯一可以用毛笔在瓷坯上绘画的釉料。绘制时,以铁线描为基本笔法,线条粗放有力,粗中有变,起、收、顿、转或明露,或内敛,因物象施画,以线立形质,以笔线做骨架,以笔线传神言情。釉里红的线条不宜纤细,纤细的线条会因铜料在高温中的挥发而消失,故每笔都必须中锋运笔,力贯其中,运笔粗放,强健有力,以达到发色均匀、形象鲜明的效果。釉里红的彩绘工艺要注意以下几点:

1. 釉里红线描:当年,北宋苏东坡以朱砂画竹类,将万紫千红的世界流收于红色;利用线条的长短、粗细、疏密、刚柔、虚实等变化,以国画白描的方式来描形抒情,展示笔势、料性。

2. 釉里红拔白：在主饰形象的轮廓中，用釉里红料地剔出主饰的形象，以红当虚，以白为实，对比鲜明，形象明朗。但需注意的是，拔白所用的笔以竹木的、骨制的为好，因铁笔在长期的使用过程中难免因磨损而落屑，铁在窑炉煅烧时可能产生化学变化而影响釉里红的发色效果。

3. 釉里红点垛：根据器皿的造型及纹饰构图的不同特点，釉里红可做瓜果、鱼藻、花卉的写意点缀，笔法生动，形象简洁，色彩对比强烈，颇具"趣由笔生，法随意转，言不必宫商而邱山皆韵，义不必比兴而草木成吟"之妙律。

釉里红装饰所施面釉为青白釉，色白微青，光润透亮。发色纯正的釉里红为深沉的鲜红色，其浓而不艳，单纯而不单调，红白相间，既有画境的装饰美，又不乏白瓷的材质美。釉里红发色要达到正常的效果，就不宜大面积用色，这是由它的性质决定的。如确需大面积用色，可用点、线组合的方式来表现，确保其主体形象清爽、醒目。

由于釉里红中的铜在高温中易挥发和晕散，使繁杂的图纹模糊不清，因此，绘制时须尽量做到删繁就简，以少见多，以简取胜，采用夸张、概括、取舍等手法，使形象简单而不失其形，物体恬静而不失其神。由于釉里红是一种红色且不能像青花那样调配出浓淡适宜的水色，故必须采用外清内明的处理工艺，使其外形清晰、干净利索，形象简洁，结构明朗。

第六章　景德镇的釉里红瓷

据史料记载,景德镇的瓷业是从汉代开始的。《浮梁县志》载:"新平治陶,始于汉世。"新平是浮梁和景德镇的旧称。新平之陶在《景德镇陶录》中有记载,"楚之长沙属有醴陵土碗:器质甚粗,体甚厚,釉色淡黄而糙,或微黑,碗中心及底足皆无釉,盖其入窑时,必数碗叠装一匣烧故也。此乃乡土窑,所在多有,正如吾昌南在汉时,只供迩俗粗用也"。唐时,有"陶窑""霍窑"载瓷入长安,被称"假玉器",且贡于朝。自此,该地的瓷器遂名扬天下。由于窑具的改革,尤其是宋末元初,景德镇在面临瓷土资源危机之时并未坐以待毙,而是采用了"二元配方",使瓷质得到了飞跃式的提高,最终有了元代设立"浮梁瓷局"的机遇;有了青花瓷、釉里红瓷的成熟发展;有了奠定全国陶瓷烧造中心由北向南转移的最终定位;有了蜚声中外的"瓷都"的华丽亮相。

第一节　元代复兴的釉里红瓷

元代景德镇的制瓷工艺在我国陶瓷史中占有极为重要的地位。景德镇窑在制瓷工艺上的突破,首先表现在制胎原料的进步:由于采用了瓷石加高岭土的"二元配方",提高了烧成温度,促使青花釉里红烧制成功。二十世纪七八十年代,江西高安元代窖藏和韩国元代沉船所出的景德镇窑青白瓷和釉里红瓷的质量已经达到了相当高的水平。其中一件釉里红芦雁纹瓶中的芦雁形象就是用红料涂绘的。这一类型的釉里红瓷,如香港的斑块纹玉壶春瓶及云鹤纹玉壶春瓶、河北保定出土的青花釉里红大罐等,都是用涂绘的方法绘制的。彩釉都是在塑成的立体的器型上着色的,这种方法是釉里红最原始的彩画方法。采用釉里红拔白装饰方法绘制的典型器物,国内有江苏吴县(今苏州市吴中区)出土的釉里红拔白白龙纹盖罐、北京故宫博物院收藏的釉里红拔白划花兔纹玉壶春瓶;国外有英国大维德基金会的釉里红拔白草花纹玉壶春瓶、日本大和文华馆及松冈美术馆的釉里红拔白飞凤纹玉壶春瓶等。这类玉壶春瓶的特点是口沿和内壁往往也有釉里红色,颈下及底腹部上下各有两三道弦纹,这是元代玉壶春瓶的典型风格。

陶瓷专家冯先铭先生在《中国陶瓷》一书中坦言:"一般说……釉里红涂绘和釉里红拔白的器物,属于元代当不成问题,但关于出土和传世的某些釉里红线绘的瓷器,则其时代还待进一步研究。"

专家们经过考察,认为,从景德镇元代湖田窑址釉里红瓷碎片出土极少,以及传世品罕见的情况来看,当时的釉里红瓷生产应该处于成熟阶段,但釉里红瓷真正的发展期并不在元代。

第二节 明代御器厂的釉里红瓷

釉里红的制作在明代洪武时期一度达到了鼎盛,尤其是宣德时期的釉里红颇负盛名。下文将重点介绍洪武和宣德二朝的釉里红。

洪武朝

国内外传世品中可以确认为釉里红的以洪武朝为最多。器型有高50厘米以上的大罐、直径超过40厘米的特大碗、直径约20厘米的大碗、直径为40至55厘米的大盘(以菱口为多见)、直径约20厘米的盘和盏托以及梅瓶、玉壶春瓶、双耳瓶、三足炉、玉壶春执壶等。

综合来看,洪武朝的釉里红瓷具有以下特征:

釉里红多数色泽较淡或呈现偏灰的色泽,个别器物还有"飞红"的现象;或呈暗黑色,器物釉面往往有开片。

在器物的制作方面,除玉壶春瓶、玉壶春执壶及口径约20厘米的大碗为釉底,其他均为糙底。此类底部均刷有一层釉浆,烧成后呈红色,且多数有明显的刷纹。

碗类细器的底部已经摈弃了元代斜削的习惯而采用平削,底足平齐。

洪武朝的釉里红制作除少数器物采用涂抹、拔白的方法,主要采用线描的图案装饰,这意味着烧制技术有了很大的进步——陶工们能在烧制过程中有效地控制铜红料"飞红"现象的产生。

图案花纹以花卉纹较为多见,主要是缠枝和折枝牡丹、莲花和扁菊花,其中,扁菊花尤为多见,这是洪武朝的釉里红和青花瓷的共同特点之一。此外,有松竹梅图、庭院芭蕉图及飞凤图。和洪武朝的青花瓷相比,釉里红瓷中,人物故事较为少见。动物、莲池或鱼藻等纹饰也比较简单。

宣德朝

宣德釉里红也是一个重要的品种,但比起洪武时期来,无论是在数量上还是在质量上,都更逊色。

宣德釉里红瓷,在明代就以红鱼纹高足碗为最,"宣德年造红鱼靶杯,以西红宝石为末,鱼形自骨内烧出,凸起宝光"。在传世的实物中,宣德釉里红瓷都是官窑器,即由景德镇御器厂出品,以三鱼高足碗及三果高足碗较为多见,但传世数量也很有限。此外,还有云龙纹碗,这类器物就更罕见了。景德镇御窑厂遗址曾出土三鱼高足碗、三果高足碗、三鱼盘和云龙纹小碗和瓷罐等釉里红制品的残件。

值得注意的是,宣德釉里红瓷主要采用涂抹法,即使是少见的云龙纹碗的龙纹,也是先勾勒轮廓线,再以涂抹法着彩。洪武朝盛行的那种以细线描绘图案的釉里红瓷,并不多见。

由于高温铜红釉烧成难度大,因此宣德釉里红的后代仿品与之前的釉里红不完全相像,但清代雍正朝的仿品却能达到极高水平,如雍正朝仿的三鱼高足碗、三果高足碗和盘,以碗为多。其中,有一部分是直书"大清雍正年制"字样的官款,也有写"大明宣德年制"字样的仿款。对于这些仿品的鉴别和鉴定,古董商和收藏家往往自有妙法。

第三节 清代御窑厂的釉里红瓷

釉下铜红的制作,在明代时只在宣德之前盛行了一个时期。由于其烧成难度较大,明晚期的釉里红只在明末的民窑器中有少数发现,而且多呈暗灰色。清代康熙朝恢复了釉里红的生产,在整个清代,釉里红生产在康熙、雍正、乾隆三朝达到了鼎盛时期,影响深远。

康熙朝

康熙朝的釉里红瓷主要在景德镇御窑厂烧造。传世的釉里红瓷基本上是进贡的御瓷,器型有盘、碗、梅瓶、油锤瓶、大缸、马蹄尊、苹果尊、摇铃尊、洗、金钟杯等。由于是官窑器,因此其图案主要是龙纹、兽纹、团龙纹、团鹤纹、朵花纹、缠枝纹、三果纹等。釉里红瓷大多数为"大清康熙年制"底款,部分为"大明宣德年制"等仿明朝年号款。

康熙朝釉里红的色泽一般为淡红色,鲜红色的较为少见。

雍正朝

雍正朝官窑的釉里红瓷是景德镇历史上烧造得最成功的,达到了有史以来的最高峰。

釉里红瓷多仿明宣德窑的三鱼高足碗、三鱼盘、三果高足碗、云龙纹碗及三果纹瓶,偶见蝙蝠碗。雍正朝的大多数釉里红烧造得十分成功,比康熙朝的更鲜艳,大多数为"大清雍正年制"两行六字楷书青花款。雍正窑除烧造白地釉里红,还烧造青花釉里红团龙纹、团凤纹的器皿。其间的釉里红的发色多偏淡,但故宫博物院和上海博物馆收藏的桃果高足碗的青叶和红桃的色泽都十分鲜艳,特别是红桃,红艳艳的,显得娇嫩欲滴。尽管青花与釉里红对窑温、气氛、窑位的要求各有不同,但以上两件青花釉里红都烧造得十分理想,这说明当时的御窑厂的烧造技术已高度成熟。唐英在其《陶成纪事碑记》中记述雍正窑的青花釉里红制作时写道:"釉里红器皿,有通用红釉绘画者,有青叶红花者。"这种成功之作,后世很难仿制。

乾隆朝

乾隆窑的釉里红瓷大多为红色且偏淡,基本上和雍正窑的釉里红色调一致,但雍正窑有三鱼盘、碗及三果高足碗等极鲜艳的红色官窑器,而在乾隆窑却极少见到鲜红色的釉里红瓷。器物以各种瓶、尊、壶等陈设器较为多见。其釉里红纹饰以缠枝莲、云龙、团凤及三果为主。同时也有豆青地釉里红器,但釉里红烧得成功的很少。釉里红中常见绿色苔点,此为乾隆朝釉里红的另一个特征。

太平天国起义的爆发,导致内乱纷争不断,清代景德镇御窑厂一度被毁以致停烧。至同治朝时,景德镇御窑厂复烧,此时的釉里红和青花釉里红瓷,虽未能达到雍正窑的水平,但在清晚期中仍是佼佼者,以鼻烟壶的制作为佳。

第四节　民国时期的釉里红瓷

随着辛亥革命的一声枪响,象征清朝皇权的景德镇御窑厂灰飞烟灭。在御窑厂劳作的陶瓷工匠们纷纷逃离,自谋生路。于是,烧造釉里红瓷器的陶工们尽管身怀绝技,但终日不得温饱。同时,生产设施没有保障,相关材料得不到供应,且陶工们对秘诀配方相互保密,致使民国时期有外地瓷商在景德镇"御窑厂"前觅得少数器物小、发色灰暗且呈紫黑色的釉里红瓷时,仿佛如获至宝一般。物以稀为贵,即便是这种"次品"也价格高昂。到1949年年初,整个景德镇已难觅釉里红瓷的踪迹。

由于釉里红瓷"一器难求",因此有人迫于生计,私下烧造釉里红瓷。然而那些尝试性的釉里红瓷大多属于色泽不太纯正的小件器。不曾想,有窑户大老板借口"烧制釉里红未按窑规,冲犯窑神",将其釉里红瓷尽皆砸毁。此事一时轰动全镇。陶工们虽义愤填膺,但也无可奈何。从此,陶工们再也不敢轻易烧造釉里红瓷器了。

第五节　当代的釉里红瓷

1949年4月29日,景德镇获得解放。从此,党和政府非常重视并全力支持景德镇发展瓷业生产。1954年,中共景德镇市委接受了国务院一项非常艰巨的任务:为了中德技术合作,要将景德镇制瓷技术资料及各种瓷器的样品供给德方,这其中就包括釉里红样品。

当时社会主义改造还没有完成,没有一个条件较好的地方国营瓷厂,也没有一个科研机构。特别是供给德方的重点资料,是景德镇传统高温颜色釉的制作技术,而这些技术一直都是"秘不可传""传子不传女"的"家学"资料和"绝招"。为了圆满完成中央交付的政治任务,当时新组建的景德镇市陶瓷试验研究所(中国轻工业陶瓷研究所前身)出面,首先把分散在各地的颜色釉老艺人们从四面八方集中起来,然后通过学习、做好思想教育工作以及讲清奖励制度,动员大家把各自的家传秘方公开,并组织实验、检测、评判。釉里红的配方由蔡昌书、程其才等人提供,由陆时言、沈锡恩记录并试制、复制,同时计算出釉料的化学组成和釉式,记录工艺过程和烧成温度,使之成为较完整的技术资料。景德镇市委顺利完成了中德双方陶瓷技术交流的重大任务。

清代陈浏在他的名著《陶雅》中说道:"瓷器之成,窑火是赖。"景德镇的瓷器烧成技术,先后经历了几个重大的演变过程。第一阶段是二十世纪五十年代初期到六十年代中期,这一阶段的烧成技术改革主要是"以煤代柴"。第二阶段是六十年代中期到七十年代中期,烧成技术改革的重点是将倒焰窑改为隧道窑,不仅稳定了以煤代柴的成果,还改善了劳动条件,降低了产品的总成本。第三阶段是七十年代中期到八十年代中期(1984年),广泛地运用了油、气这种燃料,不仅节约了生产成本,而且极大地改善了生态环境,实现了以煤代柴、以油代煤、以天然气代重油,间歇式柴窑、倒焰煤窑到隧道窑,进而实现了节能燃气多用套式窑的转变。由江西省陶瓷研究所于2012年研发的大容量全自动控制燃气台车窑及陶瓷窑炉产业的示范工程,不仅顺利助力该所的民间青花瓷的创新项目,更为现代青花釉里红的推广和展示做出了积极的奉献。

不管窑炉如何改造,釉里红总是以其特质,严苛地检验着窑炉改造的成败,因为釉里红对窑火极为敏感,所以它是最严格的裁判官。当然,现代的釉里红烧制技术也因为窑炉的改革,对配方等工艺做了相应的改进和完善,力求与时俱进。在中华人民共和国成立后的近七十年间的屡次工艺品会展中,釉里红都因发色纯正,题材新颖、工艺精致的鲜明个性而得到各界人士的赞赏:日本人誉其为"天国宝烧";西亚人称其为"千窑一宝";欧洲人则视其为"天上才有的瑰宝",称其为可遇而不可求的"稀世珍品"。无怪乎史料有"前无古人,后无来者,鲜娇夺目,工致殊常"的评价。

第六节 史料阐释的釉里红

关于釉里红,相关的史料对其进行了清晰而准确的描述。许多大家在著述中都有大量记载。

清人陈浏(寂园叟)在他所著的《陶雅》中写道:

"釉里红一种,以康熙朝为独擅胜场,雍正朝亦间有之,后此则广陵散矣。

釉里红之制法系以花彩融入底釉之中,白地红龙者居多,亦有作双螭及串枝莲者。红之中又往往有苔点绿,纯庙以来所不能仿也。

"粉彩及釉里红亦有串烟之病。

"红中有绿谓之苔点,其最佳者晕成一片,则谓之苹果绿。

"青花能入釉骨,釉里红则更入釉骨。

"釉里红即是鲜红釉,而颜色略淡,岂鲜红之釉仅能施之釉里耶?近世红釉之劣殆无与伦比。

"釉里红虽甚稀罕,而人多知之。

"青花夹紫,盛于康窑,釉汁之最能耐久者也。或青云而紫龙,或青干而紫花,或青爪而紫翎,或青字而紫印(《贤臣颂》之笔筒是也),此种紫釉多夹绿点,直与釉里红无异。

"红之中有绿,亦窑变耳。其细碎而凝结者曰苔点绿,其歆散若烟雾者或苹果绿,或釉里红。

"有釉里红,有釉里蓝,有红蓝相间者,有独为蓝色者。

"乾隆之釉里红亦偶有苔点绿,然退化甚锐,后此则真黯淡无聊者矣。苔点绿始于宣德,而讫于康熙,若雍窑之粉色积红,偶杂苔点,亦殊患其有尘星也。

"釉里红宣窑之苔点大而鲜,雍窑之苔点细而暗。

"青花大笔筒或用以种花,可谓善于作用。康窑四体书笔筒多写王铁箫《圣主得贤臣颂》,款系釉里红篆书,作'熙朝传古'四字,颇杂绿点,行楷又多作《圣教序》者。

"广窑有以鱼子蓝为质地而夹釉里红三果者。

"《博物要览》谓宣德碗红鱼系宝石为末,宜即今之釉里红也。釉里红又与项(子京)说之积红无异,然则子京所说积红与南村所说之祭红自是一物,但釉里红造法与胎骨不同耳。若《事物绀珠》所称'鲜红土绝'一语,宝石果得以土视之耶?

"元瓷之紫釉双鱼,即釉里红之所自始也。"

北京大学国文系教授许之衡在《饮流斋说瓷》中也对釉里红做了阐释:

"釉里蓝一种,其做法系先上一层白釉,再上一层蓝釉,复上一层釉,最后釉画金花,多作龙身夭矫,青云缭绕之画。釉里红之做法亦然。釉里蓝以康熙为最精,新仿者粗恶可厌。釉里红乾隆间尚精,后亦间有仿者,然不足观矣。

"明代发明彩瓷极多,不胜尔见指,大抵康雍时所有之色,殆已无不沿于明代者。若釉里红、豇豆红、抹红、秋葵绿等新艳可喜之色,明已有之。若豆彩一种成化亦微露端倪,故就彩色论,朱明一代已极纷纭璀璨,清初益推衍其波澜耳。

"釉里红之花亦为花之别派,大抵此等绘花须费两番手法也。若两面彩而映光照之花纹一一相对者,亦奇隽之品。

"若釉里红或浅雕云龙者,亦颇足贵。若青花红鱼绘鱼藻者,虽康窑亦恒品耳。"

邵蛰民在其所撰写的《增补古今瓷器源流考》一书中对釉里红做了如下叙述:

"釉里红三鱼大碗,口径七寸强,上参下敛,底有双蓝圈两行六字款,较宣制为小(仁和张耕汲文曾得一宣德三鱼大碗,径八寸强,形如海碗,款为影青,隐于釉里)。三鱼盘仅见五寸者(在大观斋见一宣德三鱼大盘,径尺余,红色虽暗而釉汁浓厚,画法古拙,一见而可决其为宣制)。

"釉里红三鱼或五蝠之高靶碗固为官窑之仿宣,然美品也。

"乾代青花海水釉里红龙之大鱼缸,弥可精妙,尤可异者。

"景德之仿龙泉釉宝烧及宣德窑宝烧,均有三鱼、三果、三芝、五蝠四式,仿西洋雕铸象生画法,渲染悉仿西洋意笔,洋彩器皿悉仿西洋珐琅画法,人物、山水、花卉、翎毛无不精细入神;又有模仿山水、人物、花卉、翎毛,笔墨浓淡,意者釉里红器皿有通用红釉绘画者,有青叶红花者。

"《唐氏肆考》云:'宣窑造祭红红鱼靶杯,以西红宝石入釉,鱼形自骨内烧出,凸起宝光,汁水莹厚。'"

明代项元汴在《历代名瓷图谱》中评价一件釉里红三鱼靶杯时,由衷地赞美道:"釉里红三鱼不填鳞鬣,红如猩血,宝光灼烁,光彩陆离,耀人眉目,真绝世极品之奇珍品也。"

明代学者高濂在《遵生八笺》中说:"宣德年造红鱼靶杯,以西红宝石为末,图画鱼形,自骨内烧出,凸起宝光,鲜红夺目。若紫黑色者,火候失手,似稍次矣。"

康熙皇帝的诗文老师高士奇(号江村)在《高江村集》中提道:"成窑鸡缸、宝烧碗、朱砂盘最精致,价在宋窑上。"

第七章　存世珍品赏析

　　釉里红瓷的成熟发展时期为明、清二代及康熙、雍正、乾隆三朝,其瓷"执事百尔,唯媚此一人",多被选作贡瓷为皇家所珍藏,秘不示人。由于配方尤其是烧制工艺及窑制方面的制约,存世的釉里红瓷珍品大多存在遗憾之处。故珍品鉴赏只能从公开的资料中撷取,以从中窥探其风貌之一二。

第一节　唐代(公元618—907年)

三彩花卉纹大盘

　　此器口径为35.5厘米,系河南巩县窑烧制的典型器皿。其三彩装饰形式已实现从明器逐渐向生活日用器的转变。三彩中较多的红、黄、褐、绿的色调,已从无序涂抹转向有意味的艺术处理。尤其是红色的釉质渗透很明显,说明此时的陶工逐渐掌握了三彩各种釉质的性能,已经开始烧制釉里红。

　　此器现藏于英国伦敦大英博物馆。

第七章 存世珍品赏析　35

三彩碗

此器高 7.4 厘米,口径为 17.2 厘米,1960 年于陕西乾县出土。

此器为白胎,胎质细腻,轮制而成。敞口,碗壁较直,腹外壁有一道凸起的弦纹,底有圈足,造型规整、精美。器物内外底釉均为淡黄色釉。器内有 12 道绿色垂条纹,淡黄色底釉上施有赭色细线纹釉,整个纹饰犹如 12 株金光闪闪的麦穗,色泽绚丽。器外壁上的一道凸起的弦纹将碗分成上下两段。淡黄色底釉上也施有绿色垂条纹,绿色条纹系氧化铜在高温窑气氛中产生的特色纹路,呈流动状,故有生动自然、设计独具匠心之美。

此器现藏于陕西历史博物馆。

绿釉贴花纹瓶

此器高 31.5 厘米。经过物化分析,该绿釉是氧化铜在加入呈色剂后经高温烧造后形成的。这说明唐代的陶工已完全掌握了金属氧化物的性能和呈色机理,在使用釉料时,已经能够有意识地控制包括铜在内的金属矿物质的量比关系,以达到最美的艺术效果。

此器现藏于法国巴黎吉美博物馆。

白釉红绿彩执壶

此器高22厘米,湖南长沙铜官窑出土。

此壶虽属陶胎,但胎质较细腻,白中闪黄,手感适中。壶体腹部有红、绿二色涂拓之纹,并隐有蓝彩,显然是陶工率意为之。其色釉的发色明显,光泽柔和,既有唐三彩南下的轨迹,又有长沙窑自创窑风的个性。

此器现藏于湖南省博物馆。

第二节 宋代(公元960—1127年)

白瓷铁绘牡丹纹瓶

此器高 16.3 厘米,宽 16.6 厘米,河北临城窑出土。

此器系宋代北方瓷窑出品,因在黑釉之上用赭红色绘花,故名"铁锈花";系利用氧化铁着色的红彩,故又名"铁红釉"。此器施有浮雕牡丹花瓣装饰,刻画细致,技法新颖,色泽明净,不仅表达了"苟富贵,勿相忘"的夙愿,而且彰显了"以红为贵"的汉族文化的审美标准。

此器现藏于美国华盛顿弗利尔美术馆。

第三节 元代(公元 1206—1368 年)

釉里红雁衔芦纹匜

元代比较好的釉里红器,是用釉里红涂绘出一定的图案花纹后烧制而成的。此器出自江西高安窖藏。匜是古代的一种盥器,基本形制为浅盘式,底平,一边带流,流下装饰有一小圆系。此器以釉里红绘秋雁、芦苇,简形略影,形似韵生,颇具野趣。于刻画、笔致工细的青花瓷中,此器不啻为洞开一窗棂之春风,令人顿觉心旷神怡。

此器现藏于高安市博物馆。

釉里红地白龙纹盖罐

此器高38.2厘米,口径为12.3厘米,江苏吴县(今苏州市吴中区)出土。肩丰,腹鼓,腹以下渐内敛,盖微鼓,钮呈宝珠状。器身刻画纹饰三组:肩部卷枝纹罩以釉里红;胫部有变形莲瓣纹;腹部主饰以釉里红作底,衬托出白色云龙纹。釉里红色调浓艳深沉。主饰不以色料描绘,而以填罩手法处理,制作工艺独具特色,为元时景德镇窑风格。

此器现藏于苏州市吴中区文物管理委员会。

釉里红印花堆螭高足转杯

此器高12.8厘米,口径为10.4厘米,江西高安窖藏出土。

此器采用堆塑技法,雕一螭龙饰于杯体外壁。为增"龙行九天"的气势,以涂抹形式借釉里红渲染,颇有"寓其高右,蕴其缜密"之风神。

此器现藏于高安市博物馆。

影青青花釉里红堆塑四灵塔式盖罐

此器高22.5厘米,口径为7.7厘米,江西丰城窖藏出土。

此器有"大元至元戊寅"(1278年)的纪年款。其釉里红都用涂绘方法,红料都在堆塑的立体器体上施色,当为元代初期的最原始的技法。此器多以青花、釉里红装饰,为元代釉里红的典型器皿之一。

此器现藏于江西省博物馆。

釉里红花鸟纹荷叶式盖罐

此器高 31.2 厘米,底径为 13.7 厘米。

此器因盖似荷叶而得名,流行于元代。此器以釉里红为着色剂,绘 7 道纹饰,主饰为肩腹部的夔凤鸣雀图案,笔致细腻而周密,留白稳健而得宜,粗细线描颇见功力,属元时景德镇窑烧造的典型器物之一。

此器现藏于江西省博物馆。

青花釉里红盖罐

此器高42.3厘米,口径为15.2厘米,足径为18.5厘米,形体饱满,制作精细。盖顶塑蹲狮钮。器腹四面以串珠纹作菱形开光立体纹饰,内镂雕四季花卉。山石、花朵以釉里红着色,叶以青花染之,红蓝相映,釉白中闪青。由于青花、釉里红两色对窑温、烧成要求不一致,此器二色并存,难度较高,堪称罕见珍宝。

此器现藏于北京故宫博物院。

影青釉里红兔纹玉壶春瓶

此器高20.5厘米,口径为6.3厘米,足径为6.8厘米。此器以刻画形式勾勒玉兔形态,复以釉里红于空白处敷彩,俗称"拔白",以玉壶春瓶为彩饰的载体,是元代瓶类的典型器物。这类玉壶春瓶的特点是,口沿内壁往往有釉里红色;颈下有2道弦纹;底腹部有3道弦纹。

此器现藏于北京故宫博物院。

釉里红松竹梅纹瓶

　　此器高 33.5 厘米,口径为 8.8 厘米,足径为 11.3 厘米,属元代釉里红瓷,因窑温的差异,多数欠烧,呈色为灰黑色、浅灰色以及隐约显见的淡红色。此器的红色比较透亮,是元代的釉里红佳品。花纹除颈部的蕉叶、叠浪、卷草以及底部的莲瓣座卷草纹,还有主饰,即松、竹、梅"岁寒三友",衬以芭蕉与坡石,画意淡远雅洁。造型承继宋代瓷风且有一些改进:颈部略短,腹部较为丰满,底座极低,接近平底,显得稳重。

　　此器现藏于北京故宫博物院。

第四节 明代（公元 1368—1644 年）

釉里红缠枝花卉纹大碗

此器高 16 厘米，口径为 41.6 厘米，景德镇御器厂洪武年间出品。此作品仍保留元代瓷绘风格。器体设有 7 道纹式装饰，主饰为碗腹的缠枝牡丹纹、颈部的蕉叶纹与足部的回字纹，布局紧凑，纹饰满密。此器光泽略显灰暗，但釉里红呈色浓艳，不失为元末明初以釉里红线描为特征的佳品之一。

此器现藏于江西省博物馆。

釉里红云龙纹环耳瓶

此器高45.5厘米,口径为10.9厘米,底径为14.3厘米,系景德镇御器厂洪武年间制品。

此器盘口、长颈、削肩、长圆腹、高圈足。瓶两侧附双耳,双耳系模印合范黏结而成,呈虎首衔环状,虎额似以铜红书楷体"王"字。耳下垂双环,与肩、腹粘连。通体以釉里红施画,颈部饰蕉叶纹与缠枝莲,腹部主饰云龙纹,气势威猛。此器是明初官窑器中的精品。

此器现藏于上海博物馆。

釉里红三鱼纹高足杯

此器高8.8厘米,口径为9.9厘米,底径为4.5厘米,为敞口、高足、平砂底,系明代宣德年间景德镇御器厂烧造。

杯外饰釉里红鳜鱼三尾,杯内有青花"大明宣德年制"楷书款。胎质细腻滋润,釉色晶莹透亮,釉里红浓重深艳。明人高濂在《遵生八笺》中记载:"宣德年造红鱼靶杯,以西红宝石为末,图画鱼形,自骨内烧出,凸起宝光,鲜红夺目。"文中的"西红宝石"系讹误,实为釉里红。

此器现藏于上海博物馆。

第七章 存世珍品赏析　45

白釉塑贴红蟠螭纹蒜头瓶

此器高 29.8 厘米,口径为 3 厘米,因颈肩处贴塑有一条弯曲舞动的龙而名盘龙瓶。

此器用釉里红渲染龙体,由于此器在高温窑内烧制而成,因此铜红釉有自上而下流淌的痕迹,露出白色的本釉,与瓶体的底釉形成红白对比,更加突出红釉的浓烈和白釉的洁净。此器为嘉靖年间景德镇御器厂所制。

此器现藏于北京故宫博物院。

釉里红龙纹高足杯

此器高 9.2 厘米,口径为 15 厘米,采用了釉里红拔白的工艺技法,表现五爪龙腾跃、遨游之势。其间饰有彤云、烈焰,显得龙越发神勇。靶足上下有五道纹线,分明蕴含着"子母线"的传统内涵,有大忠大孝之意蕴。整个器物与纹饰的结合相得益彰,富有皇家宫廷文化气息。

此器现藏于英国伦敦大英博物馆。

釉里红缠枝牡丹纹军持

军持,亦称"君持""捃稚迦",是梵语"kundika"的音译,为佛教教徒饮水和洗手时用的器皿。军持始于唐代,元代以后极为流行。元代军持敞口、长颈、扁圆腹、细长流,明清时的器型变得矮胖,流呈乳头状。此器属于明初景德镇窑出品的典型器物。此器腹径为 16.5 厘米,遍体饰以釉里红牡丹纹饰,疏密有致,釉汁不流晕;线描清晰,留白有意蕴,不愧为明代精瓷代表作之一。

釉里红缠枝花卉大碗

此器口径为41.6厘米,称为墩式碗,为明洪武年间的碗式之一,且流行至今。口沿处及下腹部为硬折线条,砂底无釉,器壁饰釉里红缠枝花卉纹样,并形成波线式的四方连续,循环往复,颇有"雾里看花赏不尽,静心悟雅婉转情"之韵律。此器有11道边饰纹样,变化无穷,为景德镇御器厂烧制的釉里红贡瓷,不仅表现出汉族"以红为贵"的审美标准,而且把釉里红线描工艺的水准发挥到了极致,堪称杰作。

第五节 清代(公元1616—1911年)

釉里红花卉纹水盂

水盂,又名"水中丞",属文房用具,俗称"苹果尊"。

此器为清代康熙年间景德镇御窑厂制品,高6.9厘米,口径为4.5厘米,底径为4.8厘米。此器通体饰纹样四组,其间用青花弦纹间隔,外口沿绘有莲花,肩部饰卷草纹,腹部主饰四团花,颈部饰芭蕉纹。绘画手法为线描勾勒法。图案线条纤细活泼,釉里红发色鲜艳明亮。底书青花"大清康熙年制"两行六字楷书款。

此器现藏于上海博物馆。

绿彩釉里红花卉纹水盂

此器高8.9厘米。洁白莹润的白釉瓷面上绘有一枝叶绿花红的蔷薇花。釉里红的涂抹、深浅、勾剔,尽管不乏晕散之弊,但仍显娇鲜红艳、柔嫩清雅。大片留白明净玉润,更加突出釉里红的色感及主饰形成的艺术效果。底书青花"大清康熙年制"两行六字楷书款。

此器现藏于景德镇中国陶瓷博物馆。

青花釉里红龙纹盘

此器高3.9厘米,口径为17.5厘米,系清代康熙年间景德镇御窑厂制品。

器物选料、制作、纹饰、烧制无一不精。尤其是青花绘龙纹,釉里红画海水纹,工致茂密,高古雅逸。釉里红的线描克服了高温烧制易晕散的难题,且利用了留白形成的色阶变化,不仅突出了龙姿矫健、海涛汹涌的气势,而且整个器物于青红互衬间显得生机盎然、气势非凡。

此器现藏于北京故宫博物院。

釉里红水波赶珠云龙纹缸

此器高43.5厘米,口径为39.5厘米,系清代康熙年间景德镇御窑厂制品。

此器敛口、圆腹,平底内凹,形制宏伟、规整。主饰用釉里红线描,绘有一龙蹴火蹈浪的纹样,龙形威凛,云朵飘洒生动,釉色鲜红浓重,海水澎湃。线描一丝不苟,毫无滞笔,但龙首部分略有因高温烧制而产生的晕散现象,但瑕不掩瑜。此器为清初御制贡瓷中不可多得的佳品。

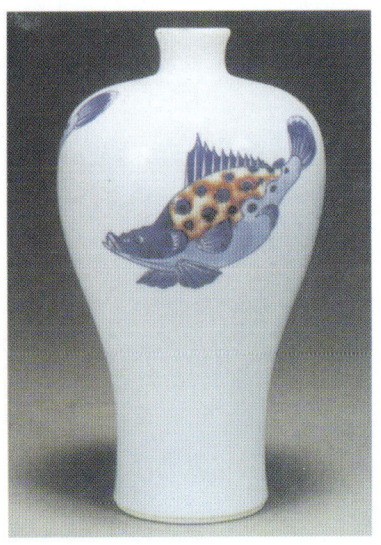

青花釉里红鳜鱼纹小梅瓶

梅瓶因口径小至仅与梅之瘦骨相衬而得名。该梅瓶口小、颈短、肩丰,肩以下渐内收,圈足,瓶体修长,为宋代以来的传统瓶式之一。

此器于肩、腹部以青花塑形,以釉里红填彩,刻画三条鳜鱼。青花工笔、淡描、分水兼有,毫厘不爽;釉里红渲染的鱼鳍,浓淡相宜。青红互映,水波不兴,深化了"桃花流水鳜鱼肥"的主题韵律。

此器现藏于北京故宫博物院。

釉里红竹桃纹瓶

此器敞口、短颈、丰肩、鼓腹、敛腰、圈足,瓶体修长,高45.4厘米,口径为11.2厘米,系清雍正年间景德镇御窑厂制品。

清代雍正年间,景德镇的釉里红烧造技术得到了一次飞跃式的发展。此器结合器型特点,以釉里红单色线描三重纹饰。主饰的坡岩修篁、岸边的桃树硕果累累,于工致中复带风韵,清朗间亦蕴机杼。

此器现藏于北京故宫博物院。

釉里红三果纹高足碗

三果纹即指由佛手、桃、石榴三种水果组成的画面,因"佛"与"福"音似,桃寓意长寿,石榴象征多子,寓意多福、多寿、多子,俗称"三多纹"。此器高10.2厘米,口径为14.8厘米,系清代雍正年间景德镇御窑厂制品。

纹饰以釉里红涂抹绘成,形简神具,从剪影式的造型中,可见物象的基本特征。于洁白莹润的底釉上凸显红色的铜红釉质,实属不易。此器在高温烧制时尚欠火候,呈色暗沉,但不失为雍正窑釉里红的上乘之作。

此器现藏于景德镇中国陶瓷博物馆。

釉里红三鱼纹高足碗

釉里红在清代雍正朝达到了鼎盛,雍正朝仿制了很多明代宣德朝的釉里红制品。此器高11厘米,口径为15.5厘米,系景德镇御窑厂制品。

此碗胎质细润洁白,釉色明净透亮,釉里红绘之鱼形"自骨内烧出,凸起宝光,鲜红夺目",红白竞艳,真绝品也。

此器现藏于北京故宫博物院。

青花釉里红水波云龙双耳扁瓶

扁瓶因颈部两侧贴附双耳而得名,又称"扁壶"或"卧壶"。此器高32厘米,呈扁圆形,口小,一面鼓腹,一面砂底无釉,中心下陷有脐。此器以青花绘海水云瑞纹,以釉里红画出水龙,笔致工细,线描遒劲,釉里红似因高温烧制而略有晕散现象,但不失为清代乾隆窑之佳作。

此器现藏于上海博物馆。

釉里红加胭脂红图案纹双耳扁瓶

此器高17.8厘米,以釉里红混合胭脂红彩绘金轮纹,口沿及侧肩部绘如意纹和缀珠纹,腹部主饰为六角金轮。发色明艳深沉,线描细致紧密,充分显示了清代乾隆窑景德镇陶工娴熟的彩绘技巧和高超的烧造技术。

此器现藏于沈阳故宫博物院。

第七章 存世珍品赏析 53

釉里红团龙纹葫芦瓶

此器口小、颈短,瓶体形如上小下大的束腰葫芦。器高 30 厘米,腹径为 20 厘米。上下饰有螭龙纹、如意纹、蕉叶纹、回字纹、缠枝莲纹等 7 道纹,上下釉里红团龙纹中双龙翻舞,对飞翻腾,足见其线描功底扎实而深厚。这标志着乾隆窑的绘画装饰已进入新的发展阶段。

此器现藏于北京故宫博物院。

清乾隆釉里红宝相花纹僧帽壶

僧帽壶创始于元代,流行于明代,以永乐、宣德红釉及甜白釉品种为贵。颈圆,腹鼓,圈足,口与肩之间安一曲柄,相对处有流,带盖。器物顶部似僧帽,故名。

此器纹饰以釉里红线描形式描绘宝相花纹,笔势工整遒劲,布局疏密稳当,为清代御窑厂贡瓷中釉下彩的杰作之一。此器专为乾隆时的藏教首领八思巴禅师精心烧造。

此器现藏于西藏布达拉宫珍宝馆。

釉里红缠枝螭龙纹瓶

清代景德镇御窑厂烧造的贡瓷,大多有龙纹,康熙、雍正、乾隆三朝的釉里红彩烧技术日趋成熟,故在此期间以釉里红单色绘制的礼器渐多。此器高32.5厘米,腹径为20厘米,通体以缠枝莲铺垫,其间饰有腾跃翻飞的螭龙形象;其线描细腻,疏密得宜,加之口、颈、肩、足部位的边饰紧凑、形象,整个器物显得威严整肃、端庄典雅。

此器现藏于北京故宫博物院。

釉里红缠枝花卉灯笼尊

此器高17.1厘米,直口、溜肩、鼓腹、圈足,形似灯笼,故名"灯笼尊"。胎质精细洁白,釉面匀净。肩部与足部饰忍冬纹,腹部主饰缠枝莲纹。画面繁复满密,具有很强的图案装饰效果。釉里红发色纯净,变化微妙,闪烁紫光,釉色与料色配合得宜,充分展示了釉里红的娇艳之美,实属乾隆时期的精品佳作。

此器现藏于上海博物馆。

青花釉里红云龙纹天球瓶

此器高 52 厘米,口径为 10.7 厘米。此器直口、长颈、球形腹、圈足。通体以青花绘流云,一条以釉里红勾描的腾龙穿行其间。底部以青花书"大清乾隆年制"六字篆书款。此器造型壮硕,青花釉里红发色稳定,云龙雄健有力、富有生气,是乾隆年间青花釉里红贡瓷中的精美大器。

此器现藏于北京故宫博物院。

釉里红锦纹扁壶

此器高17.5厘米,口径为3.5厘米,口呈蒜头形,颈短,腹呈扁圆形,圈足矮,双耳连接口与肩,壶嘴部绘如意云头纹;壶的正面绘圆形锦纹,侧面绘缠枝花卉纹。其制作精美工细,造型秀美,釉里红发色纯正。此器是清仿明代永乐青花瓷的杰作之一。

此器现藏于北京故宫博物院。

第六节 民国时期(公元1911—1949年)

民国始于公元1911年。随着"辛亥革命"的一声炮响,作为清朝廷御器的制造之地,景德镇御窑厂也熄火停烧了。尽管众多陶工身怀绝技,但动荡的时局、腐败的政治及封建意识的毒害和帝国主义的侵略,使景德镇瓷业萧条,许多精品佳作掉入泥淖。陶工们不甘沉沦,他们在窑毁泥缺、坯少釉缺的艰苦环境里,仍烧造出一些精瓷,其中就包括罕见的釉里红瓷。

洒蓝开光青花釉里红西厢记图盘

此器为敞口、浅壁、平底、圈足,盘内壁以深蓝渲染作地,内底作八角白釉底开光,开光内绘《西厢记》中莺莺听琴的画面。画面中,莺莺、张生、红娘三人神态各异,亭院、围墙、楼台、秀石、花草、星月、流云安排有序。其间,釉里红点缀之景,笔致细腻,情景生动。

第七章 存世珍品赏析 57

云龙纹青花釉里红花篮瓶

此器为盘口、侈唇、束颈、溜肩、鼓腹、圈足,器型修长。口沿和底沿用釉里红和青花勾绘回纹边饰。颈、肩部饰青白相间的弦纹。颈部还饰有青花龟背锦地对称连弦开光,其间用釉里红点缀朵梅纹样,窗内绘四季花卉。肩部间隔一圈釉里红几何纹锦地边,中缀青花勾绘的绸状纹饰。腹部用釉里红绘腾龙,以青花衬云气。此器造型秀雅,色泽娇艳,技艺娴熟,图案布局匀称,具有明显的民国初期的瓷绘风格特征和浓郁的时代气息。

蔬果纹青花釉里红箭筒

此器呈四方形,口、唇内折,腹呈长方体,圈足呈四边形。该器由手工泥板镶合而成,造型工整。四周采用水墨技法绘黄瓜、扁豆等时蔬,宛若一幅美妙自然的四季田园蔬果图。画面青白对比鲜明,分水技艺高超,构图错落有致、清新自然、韵味无穷,其间釉里红恰到好处的点缀,衬托出作者深厚的掌控釉色的造诣。此器为素有"青花大王"之誉的王步于二十世纪五十年代中期创作的代表作之一。

釉里红缠枝菊纹扁腹瓶

此器高 19 厘米,口径为 5.5 厘米,唇口、长束颈、平弧肩、扁圆腹、圈足。颈肩过渡自然,圆厚唇与扁圆腹造型形成对比和呼应。颈部有两道凸棱。瓶体外形线平滑流畅而富有变化,形体浑圆、饱满。通体饰釉里红纹,腹部饰缠枝菊花纹,颈部环饰芭蕉、菊瓣等图案,色彩鲜艳华丽,线条清晰,釉面晶莹,釉色相配得宜,反衬出釉里红的娇艳之美。

青花釉里红牵牛花纹敞口瓶

此器高 31 厘米,口径为 12.5 厘米,敞口、直颈、圆溜肩、深腹下收,足径稍外撇,圈足。主饰绘牵牛花,以青花绘藤、叶,以釉里红绘花,形象活泼,空间处理和穿插连接都恰到好处。花叶疏密有致、生机盎然,充满野趣和田园气息。

第七节 国外

出于封建王朝的馈赠、贸易和文化交流的需要,景德镇瓷器包括釉里红瓷,大量流向海外,成为他国博物馆的至宝甚至私人收藏的家珍,其中,有影响力的釉里红瓷有:

釉里红三鱼纹高足碗

此器高 11.5 厘米,口径为 21.0 厘米。

白釉釉里红三鱼纹器物早期多见于明代宣德窑。三鱼纹常见于高足杯上,明代成化窑重新使用此图案,在细腻的白釉上衬以三红鱼,极为可爱。此碗以鲜红的釉里红三鱼图饰于其上,为明代成化窑的精品。此碗的碗底有"大明成化年制"楷书款。

此器现藏于瑞典斯德哥尔摩远东文物博物馆。

青釉釉里红莲花纹钵

此器高 18.0 厘米,最大口径为 25.0 厘米。

钵施青釉,内外刻有荷叶茎脉,钵的腹部刻有荷花,以釉里红着色。腹部还堆贴莲子,口沿对称地贴塑莲子。整个钵看上去像一朵生机勃勃的荷莲,局部又有不同的艺术造型,真可谓匠心独具。此器为青釉与釉里红的结合,是一种较为特殊的品种。

此器现藏于英国国立维多利亚与艾伯特博物馆。

釉里红开光花鸟纹罐

此器高 24.8 厘米,口径为 13.3 厘米,直口、圆肩、瓜腹下斜,近底处略外扬,矮圈足,砂底稍内凹。器身辅助纹饰有莲花瓣、如意云纹、方孔钱纹等。腹部主体纹内分为四个对称海棠花形三级开光,开光内分别绘有鹤穿菊纹、孔雀牡丹纹。全器白釉闪灰,釉面呈橘皮状,是元代釉里红瓷中相当精致的一件。

此器现藏于英国大英博物馆大维德基金会。

釉里红三鱼纹高足杯

此器高 9.2 厘米,口径为 10.1 厘米。

明代永乐窑烧制出甜白釉瓷后,单色白釉工艺在之后的明朝瓷器中各有所长。宣德白釉以细腻、滋润、肥厚著称。此釉里红三鱼纹高足杯,是宣德白釉与釉里红结合的典范。红与白相映成趣,更显难能可贵。这种三鱼杯后来为成化窑所仿制。

此器现藏于英国国立维多利亚与艾伯特博物馆。

釉里红芭蕉纹执壶

由于青花瓷的生产及欣赏标准的变化,相比于前朝,元代釉里红的发展有了更大的进步。此器高34厘米,口径为7.5厘米,敞口、溜肩、弧腹、平底、圈足,肩腹部置一流,口和腹部之间安一柄。从口沿至壶足,共有7道纹饰。主饰为芭蕉、竹叶纹,圆头蕉叶与尖头竹叶互衬,婉转变化,意韵悠长。

此器遍体饰釉里红,釉里红线描勾勒,毫厘不爽:繁密处"密不透风";疏宕处"疏可跑马";笔力遒劲而工细,图像清瘦而风神宛在,表现出"悠然有殊色,貌古神亦骄,宁不在兹乎,雨响风一飘"的境界。

此器现藏于日本东京出光美术馆。

釉里红龙纹高足杯

此器的口径为15厘米。

此器的主饰采用的是釉里红拔白的装饰技法,刻画的二龙呼啸于云上,蹴云蹈火,威风凛凛,反映了封建帝王权势的至高无上。红之润泽与白之虚拟,红之意象与白之具象,既有剪纸留影的韵律,又有赋神于形的虚幻空间。碗心有青花"大明宣德年制"两行六字楷书款。

此器现藏于英国伦敦大英博物馆。

青花釉里红桃树瓶纹

此器高31.5厘米,口径为9.3厘米。

此瓶系清代御窑厂玉壶春瓶造型,敞口、细颈、圆腹、圈足,以变化的弧线构成柔和、匀称的器型。此器的主饰以青花线描桃之枝叶,以釉里红点缀桃之花果,主题鲜明,纹饰典雅;构图疏密有致、虚实相间;青花发色略显暗沉,却恰到好处地渲染了桃树的生长环境及肌体特征。

此器现藏于日本梅泽纪念馆。

第八章　其他铜红釉解析

釉里红瓷系以氧化铜为着色剂的釉下彩瓷。其氧化铜的含量比一般的铜红釉高数十倍。烧制釉里红瓷首先须将多量的氧化铜与一些石灰石及富含石英、碱金属的原料混合，混合后的原料须研磨至精细才可以使用。创作者利用研磨好的原料在坯体上画出人们喜爱的图案花纹后，再在坯体上罩上一层透明釉，最后入窑烧成，出窑后，便可得到透明釉下呈现红白相间、对比强烈的图案花纹的釉里红瓷。由此可见，釉里红是铜红釉中唯一可用于彩绘的色料。

同为氧化铜系列的其他色料主要有钧红、祭红、郎红、桃花片、玫瑰紫和辰砂釉。

第一节　钧红

钧红瓷出现于宋代，窑口在河南禹县（今河南省禹州市）。因禹县古时被称为"钧州"，故名。

河南禹县的神垕镇"南山煤，西山釉，北山瓷土处处有"，具有生产钧瓷的得天独厚的自然条件。此地的窑口把一种加了铜的釉土，运用还原焰烧成了色彩绚丽、红紫辉映的铜红釉。这种铜红釉就是钧红瓷，在世界陶瓷发展史上独树一帜，并成为一代名瓷。

钧红瓷的特点是手感莹润，华而不俗，釉面有细小裂纹并有垂流现象。钧窑在元代以后逐渐衰落，至明初已少有钧红生产了。幸运的是，其烧造技术被其他产瓷区的陶工继承下来了。景德镇在宋末就曾对钧红进行了仿造。《景德镇陶录》记载："钧器，仿于宋，即宋初之禹州窑。"《饮流斋说瓷》也说："至钧窑，始尚红色。元瓷，于青中每发紫色，至明宣德，祭红则为红色之极轨。""青为过去之色，红为极盛之色。"

钧红瓷的色调非常鲜艳,且偏深红色。钧红瓷烧制工艺比较繁杂,须分两次烧成:首先将坯体荡好内釉(在大部分情况下,以白色碎纹釉作为内釉,也有少数产品以钧红釉作为内釉);接着,将荡好内釉的坯体置于窑内高温(约1300摄氏度)处烧成石胎(即坯体已完全烧结成缔烧胎);然后在石胎外罩上钧红釉,为了使釉层达到一定的厚度,待釉干后,须再补吹釉一至两次;最后将坯体重新放入窑中高温烧成即可。

钧红瓷是焙烧过的且已施了釉的石胎,以铜为着色剂,在强还原气氛下经1300摄氏度至1320摄氏度高温烧成的。

钧红釉式如下:

$$\left.\begin{array}{l}0.401CaO\\0.033MgO\\0.356Na_2O\\0.001B_2O_3\\0.083K_2O\\0.127PbO\end{array}\right\} \left.\begin{array}{l}0.261Al_2O_3\\ \\2.730SiO_2\end{array}\right\} \left.\begin{array}{l}0.031SnO_2\\0.0015TiO_2\\0.0006P_2O_5\end{array}\right\} + \left\{\begin{array}{l}0.029CuO\\ \\0.010F_2O_3\end{array}\right.$$

工艺要点:

按配方称重,湿法球磨,细度为万孔筛余1.8%左右;

在经过素烧的无外釉的瓷胎上,用含水率为30%的釉浆浇一次,待釉浆干后再用含水率为50%的釉浆喷3次,釉层要上厚下薄,釉厚1.5~2.0毫米;

内釉用纹片釉,在还原气氛下经1300摄氏度高温烧成。

第二节 祭红

祭红在明初时就已经在景德镇御器厂烧造成功了。它在外观和制造工艺上都与钧红有明显的不同。钧红的色调多数红中带朱,最艳者是深红色,釉面有细小裂纹而且有垂流现象。在工艺上,它必须二次烧成,釉料成本较高。而祭红是在坯体上挂釉,能在窑中一次烧成,而且釉汁不流动,釉面不开裂。其色调是安定、肃穆的深红色。祭红对烧成条件的要求十分严格,即使是同一配方,在一次烧成中,如果温度、气氛出现些许差异,祭红瓷也会出现多种不同的色调,如各种不同的红色以及各种灰色、黑色,故质量很不稳定,好的成品极难获得。因此,祭红瓷一出现,就受到包括皇家贵族在内的人们的喜爱。因为这种釉色庄重肃穆、深沉稳定,故多被用来装饰瓷制祭器,以致这种红釉瓷被冠名为"祭红",但乡间市民大多称其为"霁红""积红""醉红""鸡红""极红",有些史书则称之为"鲜红""宝石红"。更有甚者认为,它是宣德年间烧制的,直呼它"宣德宝烧"或"宣烧"。这些名称说的其实是一个品种。

配制祭红釉首先要了解窑室各部位的烧成温度及气氛变化的大致情况,然后调整配方中主要原料的比例。根据1954年中德技术合作时对景德镇颜色釉制作资料的总结,在老艺人们公开出来的不同祭红配方中,经过反复的试验及比对,其中较优良的配方原料的比例如下:

铜花	0.41%	云母石	0.82%
寒水石	2.35%	铅晶石	1.64%
花乳石	2.35%	珊瑚	0.41%
海浮石	1.32%	石英	0.41%
陀星石	1.23%	二灰	14.40%
釉果	73.85%	锡灰	0.90%

其釉式如下:

$$\left.\begin{array}{l} 0.076 K_2O \\ 0.106 Na_2O \\ 0.706 CaO \\ 0.079 MgO \\ 0.033 PbO \end{array}\right\} 0.386 Al_2O_3 \quad \begin{array}{l} 3.141 SiO_2 \\ 0.0007 SnO_2 \end{array} + \left\{\begin{array}{l} 0.017 CuO \\ 0.016 Fe_2O_3 \end{array}\right.$$

第三节 郎红

郎红又称"郎窑红""牛血红",是景德镇名贵的氧化铜釉色之一。其烧造历史较之钧红、祭红都更短。实际上,郎红指的是当年的督陶官郎廷极仿祭红所烧造的一种新的色釉制品。《饮流斋说瓷》指出:"郎为郎廷极,康熙朝监督陶业之官也。"简言之,郎是康熙窑的督陶官郎廷极。以督陶官之名冠窑并不鲜见,如年希尧的年窑、唐英的唐窑。

郎红瓷的色调较之钧红、祭红更鲜艳夺目,极受人喜爱,但烧制困难。郎红可能是陶工在仿烧明代祭红瓷时,因釉料配制及工艺烧成条件控制不当,烧成的另外一种流动性更大、具有大片裂纹、色调更鲜艳的鲜红色釉。

郎红釉也是以铜为着色剂,在平焰窑中,用松柴还原焰高温(1300摄氏度以上)烧成的。传统的郎红釉对烧成气氛、温度的要求极为严格,成功概率也很低,历史上曾有"要想穷,烧郎红"的俚语,由此可见郎红烧制之难。

其釉式如下:

$$\left.\begin{array}{l} 0.128 K_2O \\ 0.173 Na_2O \\ 0.652 CaO \\ 0.047 MgO \end{array}\right\} \left.\begin{array}{l} 0.344 Al_2O_3 \\ 0.008 Fe_2O_3 \end{array}\right\} \begin{array}{l} 2.191 SiO_2 \\ 0.016 SnO_2 \end{array} \quad 0.008 CuO$$

工艺要求:

按配方称重,湿法球磨,细度为万孔筛余0.03%~0.06%;

以捺釉法将含水率为50%的色釉浆施于坯胎上,厚度为1.5~2.0毫米;

在还原气氛下,将坯胎用1300摄氏度高温烧成;

瓶类产品的内釉用纹片釉。

第四节 桃花片

铜花釉中的桃花片烧制时间比釉里红晚,以康熙窑最出色。因烧成原因和发色变化极大,所以其呈色效果很难保证。正因为如此,桃花片釉瓷别称很多:淡色的称粉红;粉红中略带灰色的称豇豆红;灰而暗者称乳鼠皮;粉红之中泛绿点的叫苔点绿;绿点成片者叫苹果绿;色淡点的叫苹果青;粉红色稍有积红块的叫孩儿脸;色调最艳丽的称美人醉。桃花片的俗称即为美人醉。

美人醉的色调与钧红、祭红、郎红及其他铜红釉相反,其呈色大多以浅红为主,颇似桃花、海棠的色调。桃花片釉瓷由于烧制困难因而多属小件器皿,如印盒、笔洗、石榴罐、柳叶瓶等,虽然如此,但是真正好的产品无论是古代的还是现在烧制的都并不多见。

桃花片的色调难以保证完全达到一致,有的在蒙蒙的粉色中密集着深红色的斑点;有的在深红色的边缘逐渐晕散为浅红色;有的在较浅色处微微泛出嫩黄色或浅绿色;有的在深浅绿色之中隐现不同的红晕,出现"满身苔点泛于桃花春浪间"的奇趣。这些都是因为铜的着色特性及烧成条件的不同而产生的。

必须指出的是,釉里红与桃花片从表面上来看,配方基本一致,只是工艺方法不同。釉里红及桃花片的配方如下:

铜花	10%
含水石	65%
玻璃	25%

其釉式为:

$$\left.\begin{array}{l} 0.935\text{CaO} \\ 0.020\text{MgO} \\ 0.040\text{Na}_2\text{O} \\ 0.004\text{K}_2\text{O} \\ 0.001\text{MnO} \end{array}\right\} 0.012\text{Al}_2\text{O}_3 \left\{\begin{array}{l} 0.360\text{SiO}_2 \\ 0.003\text{B}_2\text{O}_3 \end{array}\right. + \left\{\begin{array}{l} 0.420\text{CuO} \\ 0.008\text{Fe}_2\text{O}_3 \end{array}\right.$$

工艺要求:

按配方称料,湿磨 100 小时,细度为万孔筛余 0.02%;

在坯胎上先喷一次含水率为 68% 的青釉,釉干后,再吹一层薄薄的含水率为 75% 的色釉,釉干后,再喷一次青釉,三层釉厚 0.5 毫米;

在还原气氛下,将坯胎用 1280 摄氏度烧成;

坯胎放置位置为拉背 3 至 7 格,三托重二口;

瓶类器皿的内釉用青釉。

第五节 玫瑰紫

玫瑰紫最早出现在钧窑产品上,《景德镇陶录》有"钧有玫瑰紫……十种"的记载。玫瑰紫的特点是红色之中泛现一种紫色的色调,极似玫瑰色。我们对其呈色效果进行研究后发现,玫瑰紫均系钧红釉中加入少量含钴、锰的原料烧制而成的。玫瑰紫的着色剂有两种组合,即铜和钴、铜和锰。玫瑰紫均是在素胎上施釉(釉厚2毫米到3毫米),在强还原焰气氛下以1300摄氏度至1320摄氏度的窑温烧成。

其釉式为:

$$\left.\begin{array}{l} 0.08026K_2O \\ 0.2206Na_2O \\ 0.4334CaO \\ 0.1363MgO \\ 0.1291PbO \\ 0.0007BaO \end{array}\right\} 0.2138Al_2O_3 \left\{\begin{array}{l} 2.007SiO_2 \\ 0.006965P_2O_5 \end{array}\right. + \left\{\begin{array}{l} 0.02119CuO \\ 0.00003404Co_2O_3 \\ 0.003178TiO_2 \\ 0.01819MnO_2 \\ 0.0136Fe_2O_3 \end{array}\right.$$

第六节 辰砂釉

辰砂釉是中国古代一种血红色的瓷釉,故日本等国破解釉里红瓷秘诀时,都从辰砂釉入手。其实辰砂釉只是低温釉的一种,也是一种铜红釉。

辰砂釉有一定的化学组成。塞格尔分析中国辰砂釉的结果如下:

SiO_2	71.07%	MgO	1.75%	Al_2O_3	3.24%
PbO	4.15%	Fe_2O_3	1.40%	CuO	0.92%
CaO	9.30%	K_2O	8.17%		

外国的陶瓷学家们试图破解中国瓷器的奥秘,尽管从辰砂釉入手走了一段弯路,但毕竟打开了低温颜色釉的捷径,为现代陶瓷艺术打开了一片新的天地。

第九章　青花釉里红

青花与釉里红可谓是一对"孪生姊妹",二者都源于唐三彩,一个以氧化钴为着色剂,一个以氧化铜为着色剂。青花与釉里红既可单独用于绘画,又可相互配合为饰,但是二者在烧成、窑温、气氛方面略有差异。传世的青花釉里红精品不多,但每件传世的珍品都价值连城。

第一节　配画形式

青花的分类

青花瓷的料色与泥、釉的化学组合有密切的关系,它们都会直接影响青花料的发色效果。青花瓷的视觉魅力与艺术效果是泥、釉、料三者特性的综合反映。从釉色上来看,景德镇青花瓷大致可分为三类。

青釉青花　这是景德镇的传统青花,它使用的是含钙量高的石灰釉,即钙质釉。釉色呈浅淡的绿鸭蛋蛋壳色,这是由传统的工艺生产程序和柴窑烧成所决定的。这种釉色是在宋代青白釉的基础上发展而来的,具有明显的青白釉特征。后来,青白釉变为透明釉,但基本特征没有大的改变。含钙量高的石灰釉最适合采用柴窑烧制。

本釉青花　从20世纪70年代初期开始,景德镇的陶瓷生产的烧成由柴窑改为煤窑,这是烧成工艺的一项重大改革。为了适应这项改革,许多产品的坯釉配方的发色和透明度也做了相应的改良和调整。原有的石灰釉不适应煤烧气氛条件,于是在原配方的基础上加入了适量的长石等原料,调整了坯釉配方和烧成曲线,使产品呈现出白里泛青、青中见白的釉色。为与传统青花瓷区别开来,人们就将这类青花命名为"本釉青花"。

白釉青花　这是从釉下五彩中衍生出来的一种青花种类。五彩瓷含有红、黄、蓝、绿等色,白釉青花即以"蓝"勾线填彩,其釉面莹白,纹饰呈色鲜明而艳丽,专业人士称其为"海碧"色。20世纪50年代初烧制的缠枝莲纹等白釉青花瓷不仅具有传统青花瓷的特色,而且釉面光洁、明净,被誉为"釉下蓝光"或"釉下蓝彩",专家鉴定后,以白釉青花定名。

青花的配制

现在使用的青花料,是按科学的配比人工合成配制的。配料分两个步骤:一是色基的处理,方法是将氧化钴与氧化铝按一定的配比严格称量,混合拌匀后,装匣入窑(一般情况下,放置在窑的底部,即俗称的"码脚"的位置上),在稍低的温度中煅烧;色基出窑后要经过数次漂洗,再进入第二步——配料,配料是按配比要求将色基、土料、石灰石、填充料等原料计量后,混合搅拌均匀再擂磨200小时,用120目筛子过筛,即可得到可以施画的青花料。

用钴土矿加工制备青花料,是传统的做法。较为著名的钴土矿是云南的珠明料,一般的钴土矿在景德镇统称为"土料"。历史上的青花料色的质量达到了一定的水平,这与青花料加工得法有很大的关系。珠明料的钴含量有高有低,高的可达9%,低的仅有1%左右。钴含量高的珠明料可在拣洗、煅烧、磨细后,直接用于画青花,但大部分要进行适当的配备、处理后才能用于施画。在现在的配料方法中,珠明料和土料只是作为补充的呈色剂在配方中合理使用。

釉里红的配制

《陶瓷装饰材料学》一书的作者魏忠汉先生根据人们对近代釉里红瓷的研究和众多陶工自制釉里红瓷的配方实验,配制出了一种很稳定的釉里红。其配方是:

SiO_2	1.67 份	Ne_2CO_3	0.39 份
$CaCO_3$	24 份	$MgCO_3$	8.5 份
Cu_2O	0.8 份	酒石酸	1 份
酸磷	0.8 份	活性炭	2 份

彩料的制备要点是:按配方的分量严格计量,彩料混合后放入球磨机中湿式球磨,一段时间后,取出彩料,再手工研磨。彩料研磨至极细才可使用。具体做法可参考青花料的研磨工艺和要求。

第二节　绘制工艺

青花的绘制

手工绘制青花有四种形式,分别是线描、分水、绘画、夹红。

线描,俗称"淡描",类似国画中的白描。鉴别线描的质量的方法是:将画好线条的坯体放在强光下,最好是放在阳光下,从侧面进行观察,线条会有隆起感。中间有一条细微的凹槽的线条是有料性的好线条;反之,边缘不整洁、不光滑或有毛线(俗称"禾秆衣"线条)的线条,就是"料性不起"的不及格的线条。

分水,是青花特有的表现技法。分水使用的是特制的蒜头笔(俗称"鸡头笔")。分水用的料水,要依浓淡分开装碗(俗称"水碗")。分水是对青花料色的色彩进行处理的方法。根据亮度和色阶的不同,分水又可分为头浓、二浓、头淡、二淡和影淡。一般规律是:坯体湿,运笔快,积水时间短,水色就淡;反之,坯体干,运笔慢,积水时间长,水色就浓。在分水技法上,落笔、收笔和运笔时要掌握两手的配合。落笔时,笔中含有的料水免不了滴下或跑水,因此,弦型坯体尽量将凸面与笔尖对接,落笔时迅速移动坯体,用笔锋带动水头运笔,这样即可控制水势,避免料水泛滥(俗称"跑水")。运笔时,笔锋不可擦动坯体,应与其保持一些空隙。分水达到要求后,鸡头笔的笔锋向上,笔肚向下,料水就会顺着笔锋沁入笔中。

绘画,这种形式完全依循中国文人画中的水墨画技法,以坯体当纸,以青花料色做墨,其浓、淡、干、湿以"墨分五色"来运作。但绘画与分水法有区别,分水是在画好的轮廓线中运作;绘画则按画境要求运作。处理跑水情况时,可参考分水的方法。

夹红,即青花釉里红的操作过程。夹红多用于花果纹的装饰。创作者根据画稿,以青花画枝叶,留出花果的轮廓线,后以釉里红敷彩,或点垛,或涂拓。也有人物纹饰缀釉里红的,或裙袄,或衣冠。为避免因釉里红堆积过厚产生垂流而影响整体效果,有经验的艺术家常在纹饰下方沿轮廓线采用半刀泥方法刻出一边深一边浅的沟线,这种方法可有效防止弊病的产生。

第三节　烧制要旨

青花以氧化钴为呈色剂,釉里红则以氧化铜为呈色剂。旧时,前者在1235摄氏度的还原气氛中烧成,后者则在1230摄氏度至1260摄氏度之间烧成。由于二者在还原气氛中的发色极不稳定,故要在烧成温度和范围均有差别的情况下,烧成发色纯正的青花釉里红成品瓷是比较困难的。但"实践出真知",从元代起,景德镇"浮梁瓷局"的陶工们逐渐掌握了将青花、釉里红同绘于一器的烧成工艺。由于现代科技的进步、窑炉的改进以及配方的变化,烧成范围增大了,两者的烧成温度也趋于一致,这意味着青花釉里红瓷的烧制难度降低了很多。中国陶瓷文化中的艺术瑰宝——青花釉里红瓷将越来越多地呈现在世人的面前。

第四节　史上珍迹

景德镇的陶工们在元代就已烧造出青花釉里红瓷,经历了"初生—成熟—发展—繁荣—衰落—振兴"的发展过程。各类青花釉里红瓷珍品也不断从历代窖藏、墓藏、公私收藏品中被发现,譬如——

有比较可靠的年代依据的是1979年于江西丰城发现的四件青花釉里红器(一件是青花釉里红楼阁式谷仓;两件是釉里红瓷俑;一件是影青釉堆塑塔式四灵盖罐)。其中两件有"大元至元戊寅"(1278年)的纪年款。

同年,于河北保定出土的青花釉里红大罐亦属此类,这种大罐在元代极可能大量烧制。现存英国大维德基金会的一件青花釉里红瓷,与保定的几乎一样,只是无盖。

已故英国古董收藏家艾蒂斯收藏的带有诗句的釉里红玉壶春瓶极有历史价值和艺术价值。其纹饰为卷叶纹,线描略有晕散。

在东南亚的菲律宾和印尼等地出土的高约6厘米的方形水滴、高5.5厘米的双耳圆形小罐、高6厘米的圆形小罐、直径约8厘米的侈口小碗、高11.5厘米的扁形执壶等小件器,均为青花釉里红瓷。这些釉里红器采用线描,有的采用了双勾不填色的技法。纹饰多为扁菊纹、卷草纹和变形牡丹纹、莲花纹。

1981年11月6日在美国纽约苏富比拍卖行拍卖的瓷器中,以及美国纽约大都会艺术博物馆的展瓷中,也有饰有釉里红双勾变形花卉的青花釉里红玉壶春瓶。其中的牡丹及莲花已不同于元代的典型风格,而和基本上可以确定为明代洪武朝的青花釉里红的样式相近,甚至更夸张,表现出明代的瓷绘风格。

明代永乐朝的青花釉里红,过去较少受到关注。近年来,人们在对景德镇御窑厂遗址的发掘中,发现了不少青花釉里红瓷。我们从修复的残器中,可以识别出部分传世的永乐青花釉里红瓷。其中,有青花釉里红海水龙纹高足杯、青花釉里红小高足杯;有青花海水釉里红三鱼杯,足封底,底釉为水绿色,且有开片,碗心有梵文;有釉里红长方笔盒,盒盖有松、竹、梅纹样;有大香炉,其纹饰为青花釉里红缠枝牡丹纹;有釉里红龙纹高足杯及青花釉里红龙纹大碗;等等。

冯先铭先生在对明代青花釉里红鉴定后认为,虽然青花釉里红器在元代时就已经创烧,但成功之作并不多见,因为青花和釉里红的烧成条件不同,因此二者置于同一器物上,在同一烧成条件下很难达到理想的效果。宣德窑的青花釉里红的烧制水平相较于之前的青花釉里红有了进一步的提高。

英国大维德基金会藏有一件宣德青花海水龙纹高足碗,以青花绘海涛,以釉里红绘龙纹,呈色艳丽。另在景德镇御窑厂出土了一件小罐残盖,"盖绘釉里红五爪飞龙,青花云纹"。专家一致认为,在传世品中,可以确定为宣德窑的青花釉里红瓷极为罕见。

台北"故宫博物院"藏有青花釉里红四鱼高足杯和青花釉里红三鱼高足杯,但都无款识。专家认为,宣德窑以后高温铜红的烧造技术有下降的趋势,传世的有极少的成化窑及正德窑的釉里红瓷或青花釉里红瓷,嘉靖以后即使发现有少数釉里红器物,其铜红色也烧得极不成功。明末的民窑虽曾烧造釉里红瓷,但并无精品,反而在清代康熙、雍正二朝有仿制明代釉里红的制品。

考古专家认为,釉里红瓷在明代正德朝是罕见的瓷品,传世的仅有几件官窑器,而且是三鱼薄胎盘、碗和三果小杯等小件。它们只是上承永乐、宣德之制的余绪罢了。

清代的青花瓷和釉里红瓷有了较大的发展,而且由景德镇御窑厂专制。传世的有"中和堂"款辛亥(康熙十年)、壬子(康熙十一年)、癸丑(康熙十二年)纪年的青花釉里红山水人物诗意图小盘,多见以青花绘亭台楼阁和树枝,以釉里红绘花朵,说明官窑在康熙初年就已烧造这种品类的器物,但釉里红发色还处于较淡的阶段。器物有盘、碗、各式瓶类、笔筒、高足盏、摇铃尊、鸡缸杯等。

雍正窑的青花釉里红瓷是清代历史上烧造得最成功的。常见的器物有水盂、水洗、石榴尊、梅瓶、花盒、各式瓶类、碗、杯、盘等。纹饰有缠枝花、串枝花、三果、松竹梅、莲托八宝、莲池图、云鹤、八仙、山水、人物、百鹿等。时任御窑厂督陶官的唐英在《陶成纪事碑记》中叙述雍正窑的青花釉里红的制作时说:"釉里红器皿,有通用红釉绘画者,有青叶红花者。"所谓的"青叶红花者",指的就是青花釉里红瓷。

乾隆窑的青花釉里红瓷基本上是雍正窑的青花釉里红瓷的延续,也仿制明代宣德、成化时期的产品,以岁寒三友玉壶春瓶、执壶、高足碗、扁壶及鸡心碗为多见。同时还盛行豆青地青花、黄地青花、天蓝地青花和仿哥釉青花以及青花抹红、青花胭脂红等品种。此时的釉里红大多偏淡红色,基本上和雍正窑的红色一致。乾隆窑的青花色泽浓艳,釉里红则淡雅,红色中常见绿色苔点,这是乾隆窑的一大特征。与此同时,景德镇民窑也烧造青花釉里红,比较多见的器物有盘、碗、盏托、灯笼尊、各式瓶类、扁壶、双耳海棠式杯、荷花式杯、笔筒等。纹饰多为岁寒三友图、松鹿、花果、云龙、海水龙、狮球、梅雀等。此外,民窑也烧造豆青地或天蓝地青花釉里红制品。

必须指出的是,在康熙、雍正、乾隆三朝,釉上彩绘的珐琅彩、粉彩日益丰富和繁荣,更符合中国"随类赋彩"的审美标准。于是,釉下彩饰的青花釉里红瓷日渐消退。清代晚期虽然也有青花釉里红瓷,但佳作不多,传世珍品更少。直至中华人民共和国成立后,青花釉里红瓷才和瓷都景德镇一起凤凰涅槃,获得新生。

釉里红的鉴别

随着市场经济的发展,尤其是二十世纪八十年代以来,在艺术品收藏界,"陶瓷热"日趋盛行,收藏家们对可遇而不可求的釉里红瓷更是趋之若鹜。于是一些不法者在疯狂盗掘、走私古陶瓷的同时,也大量仿制历代名瓷,烧造一些赝品,其中就包括不少釉里红瓷。在北京、上海、南昌等地的古玩市场上,仿制的釉里红瓷更是俯拾即是,几乎达到了以假乱真的程度。因此,准确地辨真识赝、鉴古知伪,维护瓷都景德镇千年品牌的权威性和艺术名瓷的严肃性,已成为当下收藏界、文物界、陶艺界及媒体界当仁不让的义务和责任。

传统的鉴定方法就是所谓的"眼学"观察法,具体说来,就是通过眼观、手摸、耳听等感观手段,对陶瓷器物的诸多特征,包括器型、胎质、釉色、题款、纹饰、重量、音色、包浆(土锈)、旧痕和光泽等进行综合鉴别、分析和判断。鉴别釉里红瓷基本上也采用这些基本的却行之有效的方法。

从釉里红瓷的发色效果来看,如前所述,氧化铜对高温窑的烧成气氛十分敏感,故受窑制的局限,古代釉里红瓷往往发色不正,纹饰呈色并非为红色反而有点像黑色,即便是紫红色,也是像茄子一样的紫黑色。这就在一定程度上给仿造者增加了技术方面的难度。但是随着窑制的改进,现代窑炉摒弃了过去以松柴为燃料的柴窑,改用以天然气为燃料的气窑,而且为适应气窑烧成条件的变化,人们对釉里红配方也进行了改良,因而釉里红瓷的烧成率有了较大幅度的提高,也就减少了鉴别真假釉里红瓷的难度。我们通过对胎质、釉色、包浆等特征的分析(釉里红釉色的堆积感,需通过手摸的方式鉴别),对釉里红瓷有了初步的了解。

众所周知,釉里红瓷在明代洪武、永乐期间已趋成熟,清代康熙、雍正、乾隆三朝更是精品迭出,故仿制的釉里红瓷大多以这三个朝代的为模板。尤其是雍正窑的釉里红瓷,其艺术效果往往达到"极盛"的视觉效果。铜红釉中常见"铜绿"的斑点,这也成了仿古者极力模仿的一个方面,若真烧出如此效果的釉里红瓷,那这件釉里红瓷也不失为一件佳品。但假冒者为了牟利,不惜以假制假,有些人甚至将其他铜红釉如郎红釉,通过点垛、涂拓的装饰方法,营造铜斑陆离的效果。

鉴定釉里红须用放大镜仔细观察其器型是否符合古瓷的器型特征,胎质是否细腻,器体是否质薄透亮,这是第一步。

如果上述这些特征都符合的话,则要特别关注器物表面的釉色。釉色如何是辨别真古瓷与新仿品的关键。釉里红瓷的底釉是青白釉,其釉下彩饰均可透过釉层呈现出来,这就为釉里红的判断提供了最直接的科学依据。新仿制的釉里红瓷出窑后,器表的釉色给人的感觉是发亮,俗称"贼光"。假冒者为了做旧,必须去除"贼光"。传统的做法是使用兽皮,反复手工打磨;现在采用的方法是将化学材料氢氟酸按比例兑水稀释,用刷油漆的排刷将稀释了的氢氟酸涂于器物表面,一个多小时后,"贼光"就会逐渐褪去。当然,用兽皮打磨法做旧的效果比用化学材料做旧的效果好得多。采用上述方法做旧后的瓷品,几乎可以以假乱真了,稍不注意,别人就可能上当受骗。为此,要鉴别一件釉里红瓷,不仅要注意察看铜红釉的釉色是否纯正,而且还要注意以下几点：一是铜红釉的釉色是否有堆积感(指以点垛、涂拓为表现手法的釉里红画面);二是釉面上是否有裂纹(正宗的釉里红釉面上是没有开片现象的);三是线描的釉里红在烧制过程中是否有"飞红"现象;四是用手触摸,即看它的手感如何,若其手感像玉一样,则说明釉色纯正的可能性较大,反之,如果是用化学材料做旧的瓷品,其表面摸起来肯定不是很光滑,甚至会发出极轻微的"簌簌"声。当然,这种手摸法还要与"眼学"结合进行,如此才能做出科学的判断。

应该承认,仿制的釉里红瓷大多以仿元、明、清三代的官窑器为主,其中又以三果纹、三鱼纹为多,釉里红的发色也较为多样。此类仿品除需观察釉里红的发色效果,还要从器物造型上加以分辨,因为官窑釉里红瓷极少有大件瓷。辨别正品时还有一种可供采用的方法,就是察看器物的足部,即我们所说的胎足。造假者为了做旧,往往在底足露胎处用烟叶或浓茶水反复涂刷,仿真效果不错,鉴别者须予以特别注意。鉴于元、明、清窑用单件匣钵仰烧釉里红圆器,其圈足内部普遍留有酱褐色或咖啡色的垫瓶痕,这是辨别真假的一个重要标志。而赝品的足圈内的垫瓶痕往往偏黄色,显得很不自然。

另外,识别釉里红瓷是真古瓷还是新仿品,除了上述传统方法,还可以运用现代科技手段和方法。目前,国内的古陶瓷科技鉴定,主要是从陶瓷胎釉成分、烧成温度、烧造时间、显微结构等方面进行测定、分析。采用的主要方法有同步辐射 X 荧光分析、粒子诱发 X 射线荧光分析(PIXE)、热释光法、XRF 定量分析等。近年来,有的专家还将纳米科技方法运用于陶瓷考古和鉴定。如在元、明、清窑的釉里红瓷釉面数百纳米的范围内观察到气泡和沉淀物,就可获得其烧成温度、保存时间和地点以及其真伪等重要信息。

总之,我们的观点是：传统方法与现代科技要结合使用。在自然科学飞速发展的今天,我们不能因循守旧,满足于传统的鉴别方式。同样,一味强调先进的科学手段而否定传统方法的功能性和经验性,则更不可取。把传统的"目鉴"与新的"科鉴"紧密地结合起来,才是我们鉴定真伪的有效途径。

第十章 釉里红相关术语简释

第一节 窑口

巩县窑 唐代重要瓷窑,位于河南省巩义市,于1957年被发现。隋朝时,巩县窑就已生产青瓷平底碗及高足盘等,器外壁施釉不到底;唐代时生产白瓷、黑瓷、绞胎、唐三彩陶塑及黄、绿、蓝等单色釉陶器。白瓷中有一部分作为贡品,供民间所用之茶器为其大宗产品。巩县窑是已发掘的烧造唐三彩的最主要的窑址,其中发现有用钴蓝料烧成的一色蓝釉器碎片标本和绞胎器标本,其被视为青花瓷的肇始窑口及釉里红装饰的创烧地。其衰落时间当在宋初,但"苏门四学士"之一的张耒(1054—1114)在《谢黄师是惠碧瓷枕》一诗中言道:"巩人作枕坚且青,故人赠我消炎蒸。"这说明巩县窑至北宋晚期仍在烧造青瓷,但至今未发现其标本。

长沙窑 唐代重要瓷窑,在今湖南省长沙市郊的铜官古镇瓦渣坪一带首先被发现,因此又称"铜官窑"。该窑创烧于唐,晚唐至五代是其极盛期,五代以后逐渐衰落。产品以青釉为主,器物造型多样,除各种日常用器,以罐和壶的形式最为多变,短嘴多角壶最为典型,并多见狮、象、牛、羊、猪、狗、马及鸡、鸭家禽瓷塑。釉下彩是唐代长沙窑的一种瓷器装饰工艺。早期器物多用彩斑装饰,即在瓷坯上用铁料或铜料涂抹斑块,烧成褐斑或绿斑。也有将彩斑和模印纹样相结合贴在罐、壶等器物上,再在其上涂上褐色彩斑,高温一次烧成的。这类装饰在唐元和三年(808年)以前已经被采用。长沙窑在成功借鉴河南巩县窑的釉下装饰彩绘工艺的基础上获得了进一步的发展。长沙窑的陶工们用氧化钴、氧化铁或氧化铜等料色直接在坯上绘成图案花纹,再施青釉,烧成釉下褐、绿彩。这种釉下彩绘工艺对宋代磁州窑的白地黑花、吉州窑的白地褐花以及元、明时期的青花瓷器的发展都有重要影响。上海博物馆藏有其釉下(铜)红彩的标本,此标本被视为以氧化铜为着色剂的釉里红瓷流徙湖南长沙窑的例证。此外,在窑址中还发现有孔雀绿、孔雀蓝及高温铜红釉的标本,为研究唐宋时期的窑口风格提供了可靠且有力的佐证。

吉州窑　宋代著名瓷窑之一,位于今江西省吉安市,自隋至宋属吉州,故名。其烧造地点集中在永和镇,故又称"永和窑"。该窑创烧于唐,产品为较粗之青瓷。北宋晚期至南宋初,舒翁和舒娇等人善制瓷塑及彩绘瓷。南宋时,吉州窑发展至鼎盛。该窑所产的黑釉、白釉褐花、褐地白花及仿定窑的白釉器最负盛名,也产绿釉及琉璃釉器。"玳瑁盏"为该窑的典型品种,白釉褐花器是该窑受长沙窑影响而制作的。嘉定二年(1209年)墓出土的海棠花瓣形开光奔鹿图盖罐是其断代标准器。这类釉下彩品种,在元代时仍继续烧造,对景德镇窑的青花、釉里红瓷器的发展具有很大的影响。装饰手法有洒釉、剔花、印花、贴花等,其中,以茶盏的木叶纹和剪纸贴花凤鸟、梅枝等纹饰最为突出。元代时,吉州窑除烧造黑釉瓷,还大量烧造青白釉印花器。历史记载,吉州窑停烧于南宋末年。据传,当年文天祥率永和镇勇士抗元失败,吉州窑的陶工或兵败被擒,或掳夺出逃,多数陶工被押至或逃亡至景德镇。当中既有史实,也有少量讹传。至明代晚期,吉州窑仍烧制青花瓷及以纹片为装饰的"碎器"。

湖田窑　宋、元、明三代的著名瓷窑,位于今江西省景德镇市东郊,归属于古代景德镇窑。该窑五代时创烧青瓷和白瓷,宋代时创烧青白瓷,胎质莹净,釉汁柔润,其典型器照光见影。湖田窑的影青瓷,是我国宋代青白釉瓷的代表作。北宋中期后,部分器物采用覆烧法,造型多样,各类日用器几乎齐备,尤以注壶温碗、盏托、油盒最为突出。南宋青白瓷盛行刻、划、印花装饰,为元代青花、釉里红的发展提供了工艺技术和装饰载体。青白瓷中的个别透雕、玲珑品种,是精细之作。一般所见的影青透雕瓷枕,大多为湖田窑所产。元代枢府卵白釉及青花、釉里红瓷器的成功烧制,是湖田窑的重大成就。明以后,湖田窑以生产青花和白瓷为主,但和今景德镇市区的官窑和民窑相比,其质量仍显粗陋。明隆庆、万历之际,湖田窑走向衰败。

景德镇窑　我国最著名的制瓷产区,在今江西省景德镇市。南朝陈时,该窑已开始烧制青瓷,目前发现的胜梅亭、白虎湾两窑烧造的青瓷和白瓷均属五代。北宋景德元年(1004年)置镇,因烧制贡瓷而得名"景德镇",并设"御土窑"专供御用。青白釉瓷器是其首创,瓷釉莹缜温润,具青玉质感,时人誉其为"假玉器"。该窑主要生产碗、盘、碟、盆、杯、盏托、执壶、瓶、罐、枕、炉、香熏及装化妆品和香料的小盒等各种日用器具。有些器物的造型明显仿金银器的造型。装饰形式以刻花和印花为主。南宋乾道九年(1173年),大理国人李观音得的文书中有要浮梁瓷器的记载,这说明在南宋前期,景德镇瓷器的声誉已极盛,对各地的窑场影响很大,景德镇瓷系影响了闽、川、粤、徽、滇等地的瓷窑。元代在景德镇设"浮梁瓷局",除继续烧造青白瓷,还创制了枢府(卵白)釉瓷,发展了青花、釉里红瓷器。此外,铜红釉和钴蓝釉的制作也有一定的成就。明清时期,景德镇窑已成为全国的瓷业中心,有"瓷都"之称。明代洪武开始,宫廷在景德镇设"御器厂",专制官窑瓷器供御用。明代永乐、宣德青花和釉里红与红、蓝釉,成化斗彩以及嘉靖、万历五彩和各色颜色釉等官窑瓷器都大量烧制,民窑瓷业有了很大的发展。清代顺治开始沿用旧制,设"御窑厂",专事宫需。清代康熙朝的民窑的青花和五彩,雍正、乾隆官窑的粉彩和各种仿古瓷色釉及仿工艺瓷制品均十分精巧。嘉庆以后,景德镇窑渐趋衰落。中华人民共和国成立后,景德镇瓷业有了飞跃式的发展,形成了从教学、科研、生产到营销的陶瓷生产工业体系。

御窑 御窑一般指极精致的官窑器。清康熙、雍正、乾隆时的珐琅彩瓷器、白瓷在景德镇烧成,彩绘及低温烘烧在清宫内务府造办处珐琅作进行,故称"御窑"。其器底有"康熙御制"款和"乾隆御制"款。史学家和古玩界把专门进御皇家内廷的瓷窑,统称"御窑",以有别于"官窑"。

浮梁瓷局 元代管理全国陶瓷窑务的机构,至元十五年(1278年)设立于景德镇,地址在珠山。《元史·百官志》载:"至元十五年,置曰浮梁瓷局(秩正八品),掌烧造瓷器,并漆造、马尾、棕藤、笠帽等。大使一员(从八品),副使一员(正九品)。"

御土窑 宋元时期,景德镇以专用御土烧造贡瓷的民窑。元代孔克齐所作的《至正直记》一书中记载:"饶州御土,其色白如粉垩。每岁差官监造器皿以贡,谓之御土窑。烧罢即封土,不敢私也。或有贡余土,作盘、盂、碗、碟、壶、注、杯、盏之类,白而莹,色可爱,底色未着釉药处犹如白粉,甚雅薄,难爱护,世亦难得佳者。今货者,皆别土也。"《景德镇陶瓷史稿》称:"景德镇在南宋还是遣官制瓷贡京师,但那种贡瓷不叫景德镇瓷器,而称枢府瓷。无论是景德镇窑、枢府窑,当地人统称之为御土窑。"

八大民窑系　　宋代除官、哥、汝、定、钧五大名窑,还有八大民窑系,即定窑系、磁州窑系、耀州窑系、钧窑系、龙泉窑系、景德镇窑系、越窑系和吉州窑系。景德镇窑系指青白瓷系,包括赣、闽、粤、桂等南北多个省的产瓷区。

第二节　彩类

釉下彩　　釉下彩是在成型的胎体上用色料绘画,施釉后入窑高温烧成的瓷器品种。特点是色料被绘于釉下,永不褪色,以手扪之,釉面光滑平整;操作简便,一次烧成;发色鲜艳,无铅无毒,深受民众的喜爱。釉下彩包括青花、釉里红、釉下三彩、釉下五彩、釉下褐彩、褐绿彩等。据考古发现,南京三国(吴)墓中出土的一件青釉褐彩盖罐是我国最早的釉下彩瓷器,该器以铁为色料。唐朝时,湖南长沙窑用铁、铜两种色料烧成釉下褐、绿彩。元、明、清时期的景德镇青花、釉里红瓷是最成功的釉下彩,也是中国瓷器的代表品种。

唐三彩　　唐代彩色釉陶的通称。唐三彩用白色黏土做胎,以含铜、铁、钴、锰等金属元素的矿物做着色剂,坯体表面施低温釉后,在800摄氏度左右的低温中一次烧成;也可先烧素胎,再施色釉,两次烧成。其色彩并不限于三色,一般有绿、黄、蓝、白、紫等多种色彩,以黄、绿、白为多。唐三彩器多见于随葬的明器,不仅有碗、瓶、罐、枕等日用器,也有各种动物和人物及建筑、家具等。唐三彩雕塑的工艺成就最高,唐高宗朝为其创烧时期,主要窑址在河南巩县、陕西铜川、河北内丘等地。唐三彩中的钴蓝是我国用钴土矿做陶瓷彩料的最早例证。其中,氧化铜的运用,亦是后期釉里红的最早例证标本。唐三彩彩釉制作的高度成就,对辽、宋三彩,以及元、明、清青花瓷及釉里红的发展有重大的影响,同时也推动了日本、朝鲜的仿烧,使日本、朝鲜分别制成了"奈良三彩"和"新罗三彩"。

褐绿彩　　用含铁和铜的色料在釉下或釉中绘画,釉面会呈现褐、绿两色的花纹。褐绿彩有两种:1.釉下褐绿彩:唐湖南长沙窑用含铁和铜的色料在胎体上绘画,施釉后在高温氧化气氛中烧成,花纹呈褐、绿两色,故称"褐绿彩";2.釉中褐绿彩：唐四川邛窑的产品，坯体上釉之后，用铁料或铜料绘画，在氧化气氛中烧成，花纹呈褐、绿两色，亦称"褐绿彩""釉中褐绿彩"。

釉里红 瓷器釉彩名。用铜红料在瓷坯上绘描纹饰，然后施透明釉，在高温中一次烧成。其红色图案在釉下，因此属釉下彩。适量的铜红料，在还原气氛中呈现红色。唐代长沙窑已有釉下红彩成品，虽是偶然现象，但也对釉里红的发展起到了不可估量的传承作用。元代时，景德镇窑成功烧制出釉里红器。20世纪60年代，河北保定曾出土元代青花釉里红制品，国外也有釉里红外销瓷。明代洪武年间，釉里红较为盛行，但大件器往往晕散而不太鲜艳。明宣德朝官窑釉里红极为成熟，其中，红鱼靶杯最负盛名。明中期，釉里红器的烧制一度衰落，明末景德镇民窑虽也少量烧制釉里红器，但均为小件器；清康熙朝时，釉里红器的烧制才恢复至明代前期的水平，出现了青花和豆青色的釉里三彩等新品种，且出现了以釉里红配釉上绿彩制成的"红花绿叶"的彩瓷。雍正朝是釉里红烧制最为成功的时期。特别是青花、釉里红同绘于一器之上，尤显清雅丰韵，更为难得，因为两者对烧成气氛的要求不一致，要让两种釉彩都极鲜艳是十分困难的。然而在雍正朝这一技术已达到了较高的水平。乾隆以后，釉里红的烧制技术一直没能再达到这一水准。

青花釉里红 即同施青花、釉里红两色的器物。由于钴料与铜红料的性质不同，它们对烧成温度以及窑室气氛的要求也有差异，因此，两者难以同施于一器之上，故红、蓝呈色恰到好处的佳品十分难得。青花釉里红发展于元代，于明代早中期趋于繁荣，而真正的成功之作出现于清代雍正时期。清唐英《陶成纪事碑记》载："釉里红器皿……有红花绿叶者。"意思是说青花釉里红是以青花画叶，以釉里红绘花（果）的青花釉里红品种。

釉里蓝 即青花，指用钴料在瓷坯胎上绘画，罩透明釉后在高温中一次烧成的呈现深蓝纹饰的瓷器品种。釉里蓝是相对于釉里红而言的。

釉下三彩 清康熙朝创制的一种釉下彩品类。釉下为红、蓝、豆青三色，也称"釉里三彩"。红与蓝是分别用铜红色料与钴料着色的釉里红、青花；豆青为铁的呈色，通常用来填绘山石，与红、蓝相互映衬，使釉下色彩更加丰富。

第三节 烧成

氧化气氛 即烧窑时,窑内空气供给充足,燃料在完全燃烧的情况下产生的一种火焰气氛。其特征是无烟、透明,燃烧产物的主要成分是二氧化碳及过剩的氧气,不含可燃物质或含量很少。按照燃烧产物中过剩氧含量的多少,氧化气氛又分为强氧化气氛和弱氧化气氛。前者的过剩氧含量为8%~10%;后者的过剩氧含量为2%~5%,氧化氛围的空气过剩系数都大于1。我国北方的产瓷区由于原料中的含铁量较少,以及一般陶器对表面白度的要求不高,都采用氧化气氛烧成。

还原气氛 即烧窑时,由于空气供给不足,燃料在不完全燃烧的情况下产生的一种火焰气氛。其特征是有烟、混浊,燃烧产物中含有一定数量的可燃物质,如一氧化碳和碳化氢。这些气体能把釉中的氧化铁还原成氧化亚铁;把氧化铜还原成氧化亚铜。按照一氧化碳含量的多少,还原气氛又可分为强还原气氛和弱还原气氛。前者的过剩氧含量为5%~7%;后者的过剩氧含量为2%~5%。其空气过剩系数应小于1。我国南方的各产瓷区由于原料中含铁量较多,一般采用还原气氛烧成。

镇窑 镇窑是一种柴窑,是景德镇的传统瓷窑。它是由龙窑、葫芦窑演变而来的,到清代时变成了一种鸭蛋形的窑,亦称"蛋形窑"。《景德镇陶录》载:"窑制长圆,形如覆瓮,高宽皆丈余,深长倍之。上罩窑棚,其烟突围圆,高二丈余,在窑棚之外。"镇窑兼有平焰式窑和间歇窑的功能。其用松木块作为燃料,以投柴的快、慢、多、寡来控制气氛和窑温。窑室大而长,温度有高低之分,气氛有强弱之别。粗瓷、细瓷、传统颜色釉瓷,尤其是名贵的铜红釉瓷,只要合理地安排在不同窑位,都能一窑烧成。

间歇窑 间歇地煅烧坯体或物料的一种窑。制品的装、烧、冷、出等操作间歇地、分批次周而复始地进行。龙窑、阶级窑、镇窑、梭式窑等均属间歇窑。此类窑成本低、投产快,可根据制品的特点灵活处理,但热损较大、产量较低、生产周期长、劳动强度大,不易进行机械化和自动化改造。镇窑有烧松木的柴窑和烧杂木的槎窑之别。

平焰窑 即烧窑时火焰流动方向近于水平的窑炉。龙窑、镇窑、隧道窑等均属平焰窑。

煤窑 即景德镇"以煤代柴"推广的一种倒焰窑。其中,以圆形煤窑为最好。其火焰都从燃烧室上升至窑顶,上升受阻后,由于窑底烟道的吸力,火焰便下行,经钵柱间隙进入窑底的吸火孔,最后经烟道由烟囱排出。因火焰在行进中有一段由上而下的蹿行过程,故称"倒焰窑"。煤窑大多有此设施,但有方形、圆形之分。

阶级窑 瓷窑的一种,依山以10度至20度角倾斜砌筑,长15～20米。此窑最初为宋代分室龙窑,至明代演变为一个个单独的窑室,每个窑有相互贯通的5至7室,后一室的窑底高于前一室的窑底。室与室之间有隔墙,隔墙下部有通火孔。烧前室时,火焰自窑顶倒向窑底,经通火孔进入次室,最后依次进入全窑,烟火从窑尾排出。此窑既是龙窑的变异,又是馒头窑的雏形,亦是镇窑初创的基础。

火照 火照又称"试片",景德镇窑业俗称"试火照",用于测量窑内温度。宋代的火照是利用碗坯改做的,上平下尖,呈"个"字形。其尖端被插入盛满砂粒的匣钵内,火照一般被放置于窑膛正中观火孔的下方。窑工测量窑温时,需用长钩将其从观火孔中钩出。每烧一窑要试火照数次,每次钩出一个火照。火照上端多施正在烧的釉色,只能使用一次。

沟火 窑的两旁及窑尾等边缘部位,往往由于火焰燃烧不到位而温度不够,窑工必须将火引过去,此谓之"沟火",意即沟通火焰。一般采用泼水法把火引过去,这种助氧的方法是窑业行之有效的操作流程。

隧道窑 即形如隧道的一种连续窑。瓷坯被装在窑车上,由推车机推动,一辆辆装满瓷坯的窑车即在隧道内逆着气流方向前进,经预热、烧成、冷却三带,完成一系列的物理、化学变化,冷却到一定程度即可。燃料有煤、油、电、气等多种。

飞红 即釉里红在窑炉高温中出现的一种现象。飞红现象主要是线描太细导致的。

晦暗 即釉里红在窑炉高温中出现的一种现象。晦暗主要是窑温没有达到标准或窑内还原气氛不足导致的。

第四节　成型

二元配方　即用两种主要原料配制坯料的方法,如瓷石加高岭土的原料配方。明代宋应星在《天工开物·陶埏》中载:"一名高梁山,出粳米土,其性坚硬;一名开化山,出糯米土,其性粢软。两土和合,瓷器方成。"宋末元初,景德镇成功推行了瓷石加高岭土的二元配方,不仅解决了原料危机,而且提高了烧成温度,减少了器物变形的概率,提高了烧造大件器物的精确率。

垩泽　色白光润的涂料,亦指瓷釉。垩是用于涂白或涂刷的物料。

高足碗　高足碗又称"英碗",直口尖底,并有可用手抓住的高脚。规格采用英制,从3英寸(7.62厘米)到9英寸(22.86厘米),共有11个规格。高足碗系清代至民国时期出口欧洲的器皿,其釉下彩饰有景德镇烧制的青花釉里红或纯釉里红(三果、三瓜)的纹饰,为碗具中艺术效果最佳的载体之一。

高足转杯　元代景德镇窑制品。江西高安出土的釉里红器的腹下部堆塑一螭龙,盘绕至竹形足上。杯底心有一圆锥状榫,其可嵌入足端的"母榫"中。因两者之间留有一定空隙,故杯体能左右旋转。

瓷盘　瓷盘,亦称"盘""样",饮食器。陶盘制品主要出现于新石器时代。瓷盘创烧于汉唐,器型为敞口、浅腹、平底或圈足。汉之后流行平盘、汤盘、托盘等种类。器型以圆形的为主,也有方形的、椭圆形的。盘口有唇口、葵口、花口、菱口、菊瓣口、板沿各式。产品均施釉,以色釉和彩绘品种为常见。明清时期的官窑釉里红装饰也多见于瓷盘器皿之上。

瓶尊　装水和贮存其他液体的器皿。瓶尊有陶瓶和瓷瓶之分,常为小口、深腹。有在器颈肩或腹部附系的,形体较高,足由尖底变为平底。古时,瓶常用作酒器,后衍变为插花、陈设用的家居用瓷。北宋时期,瓶被称为尊,为宫廷皇室的重器。清人习惯将器型高大、口底大小相近的瓷瓶统称为尊。瓶尊绘画也有用釉里红装饰的。

罐坛　罐坛同属盛贮器,器型多样,敛口、深腹圆鼓,圆肩或折肩,圆底或平底,器腹常设耳,多为釉饰;坛,古时亦常作"罈""罏",小口折沿或卷沿,圆肩或折肩,深腹平底,釉饰多变,也有用釉里红彩饰的。

瓷板 一种既可供赏玩又可供实用的器物。瓷板在明代即有制作,在康熙、雍正、乾隆三朝尤为盛行。器型长方不一,瓷板可作为插屏,亦可镶嵌在桌、椅、床等器具上。瓷板多为白底彩饰,用青花、釉里红、五彩、粉彩装饰的也较为常见。纹饰有山水、人物、花鸟、博古等题材,当时的青花釉里红瓷板曾远销欧洲各地。

明器 古时为死者制作的用于陪葬的生活器皿,包括碗、盘、杯、罐及仓储、家禽和陶俑等。唐三彩器是汉唐最典型的明器,其材质对中国瓷器的发展有过重大贡献。

靶杯 靶杯又称"高足杯""马上杯",是一种用于饮酒或盛果实的器皿,始盛于元朝。上为碗形,下有把柄,柄呈圆柱形或竹节形。明代景德镇烧制的釉里红,多以靶杯为载体,影响深远。

第五节 釉料

透明釉 釉料经过高温熔融后所产生的无定形的玻璃体,坯体本身的色泽能够通过釉层反映出来。由于釉层透明,类似玻璃,故亦称"玻璃釉"或"亮釉"。古代陶瓷器的釉多属此类,现代日用瓷器及炻器也还在使用这种釉。

辰砂釉 矿物名,亦称"朱砂",主要化学成分为 HgS。辰砂属于三方晶系,晶体呈短柱形或菱面体,集合体常呈粒状、块状或皮膜状。辰砂为朱红色,其条痕为红色,半透明,金刚光泽;硬度为 $2 \sim 2.5$;一个方向的解理完全;相对密度为 $8.09 \sim 8.20$,仅产于低温热液矿床,常与辉锑矿等共生,可制矿物颜料。日本研究景德镇釉里红时,即从辰砂釉着手。

铜红釉 用适量的铜粉配制的釉料(含铜量为 $0.3\% \sim 0.5\%$),在高温还原气氛中可以烧成鲜艳的红釉。在我国的制瓷史上,从唐代开始即已利用铜烧成红色,并已发现有山西交城窑的白釉红斑器和宋代河南禹县大量烧制的钧红釉产品。元末明初,景德镇始烧一色红釉器,明初永乐、宣德的鲜红釉最为著名,清人谓之"霁红",后人称之"祭红""积红"等。高温铜红釉在宣德以后一度衰退,嘉靖时官窑器改烧矾红釉。至清代康熙时,铜红釉才得以恢复,烧成郎窑红与豇豆红。铜红釉烧成难度大,是我国颜色釉中名贵的品种。

矾红釉　矾红釉是以三氧化二铁悬浊体着色的低温红釉和红彩。这种红釉和红彩以青矾为原料，青矾经煅烧、漂洗，制得生矾，故称"矾红"。因为其主要着色剂是三氧化二铁，故又名"铁红"。生矾使用时需加入一定量的铅粉和牛胶（铅粉为熔剂，牛胶为黏合剂），采用平涂法将其涂抹于白釉瓷器上（故又有"抹红"之名），最后在氧化焰窑炉中以 900 摄氏度的温度烧制而成。矾红釉上彩在宋代的定窑、磁州窑系均已出现，是我国最早的釉上彩。这种低温铁红釉自明代嘉靖朝开始代替高温铜红釉以来获得了长足的进步和发展。

豇豆红　瓷器釉色名。豇豆红为清代康熙朝仿宣德铜红釉的制品，与郎窑红齐名。其色调淡雅，犹如桃花，又酷似豇豆的红色，并带有绿色苔点，后人描述为"绿如春水初生日，红似朝霞欲上时"。釉色有上下、高低之分：上乘者名"大红袍"或"正红"，通体一色，明快鲜艳，洁净无瑕；略次者，釉色如豇豆，带有深浅不一的斑点及绿色苔点，今称"美人醉"或"美人霁"；色泽再浅些的，被称为"娃娃脸"或"桃花片"，虽不如深者艳美，也有幽雅娇嫩之态；再次者，色调更浅，晦暗混浊，名为"乳鼠皮"或"榆树皮"；至于器身呈灰黑不匀的"驴肝""马肺"色的，则属最次品。豇豆红无大器，多为小型柳叶瓶、菊瓣瓶、莱菔尊、太白尊、水盂、印盒等文房用具，均为官窑产品，底有"大清康熙年制"青花六字楷款。

第六节　装饰

线描　釉下线描多见于青花、釉里红，即用线条勾描装饰纹样的轮廓。线描的目的有二：一是通过线来表现物象；二是通过料线来形成关栏，以利分水或填色，防止颜料扩散。由于铜料极易沉淀，绘画者在描线时须不时搅动铜料，运笔时应缓慢均匀，薄厚相宜，避免线条画得粗细不一、浓淡不一、忽断忽续，防止出现堆积的料迹。《陶瓷装饰》指出："将画好线条的坯，放在强的光线下，最好是阳光下，侧面观察线条，有隆起感，中间有一条细微的凹槽影，这种线条是有料性的好线条。"上海博物馆珍藏的釉里红花卉纹水盂属清代釉里红线描精品。

双勾　中国画技法名。用线条勾描物象的轮廓，通称"勾勒"，因多用左右或上下两笔勾描合拢，故称"双勾"。此技法多用于工笔花鸟画。釉里红绘竹、松后填色的称为"双勾廓填"。

点垛　点垛亦称"点簇",为中国画技法名。景德镇纯釉里红借鉴国画写意技法,绘写意花卉图饰,即不用勾勒,而以笔端蘸取料色,落于坯胎后,笔毫铺开,一笔之中就分浓淡。点垛主要用以表现花瓣、树形、蔬果等,有时也用于写意人物和山水画。"点垛"乃江南一带口语,似从"点掷"一词变异而来。也有把点垛写成"点朵"的。

涂拓　依据铅笔在坯胎上大致勾画的轮廓范围,用笔蘸取釉里红料色大笔涂拓而成。此技法如中国画的积墨,多见于花瓣、果蔬的装饰中,形似韵不减,形活趣益增。著名画家潘天寿说过:"积墨须在杂乱中求清楚,清楚中求杂乱。"元、明时期的釉里红三鱼靶杯堪称此技法之佳作。

拔白　以釉里红作底地,用竹笔或铁笔依据纹饰形象剔去余料,衬托主饰,突出白地红釉的对比效果。由于拔白主饰不用其他料色加彩,而以填罩手法处理,制作工艺独具风格因而流传至今。苏州市吴中区文物管理委员会珍藏的釉里红地白龙纹盖罐为运用此技法制作的元代精品。

点画　根据纹饰形象,在轮廓图中以点的形式表现主饰物象。其要求是用不同大小的和不同疏密的料点来区分色彩明度和层次感。英国维多利亚与艾伯特博物馆收藏的釉里红云龙环耳瓶,当属运用此工艺制作的元末明初的精品。

第十一章　当代釉里红艺术名人佳作

（以年龄为序）

王锡良　安徽省黟县人，1922年出生，中国工艺美术大师、景德镇陶瓷美术家。其擅长粉彩人物、山水、花鸟饰画，亦工于青花、釉里红装饰。

作品　青花釉里红山水瓷板画

"群峭碧摩天，逍遥不记年"是唐代大诗人李白的名句。王锡良先生用极简的笔墨将山峰的结构表现出来，以青花画出苍松舒朗古拙的形态和远山的气势；近处用釉里红绘画，结构清晰，层次分明，釉里红两色一明一暗，绿中泛黄，显见沉着多变，充分体现了釉里红现代审美的旨趣，是件不可多得的釉里红精品。

王恩怀(1935—2018)　江西省丰城市人,系著名陶瓷美术家王步之子。曾任景德镇市陶瓷研究所高级工艺美术师,获"中国工艺美术大师"称号。他不仅工于釉上彩类绘画,而且擅长釉下青花、釉里红装饰。

作品　《春韵图》

该器为喇叭口、直筒腹、连腹足。器物造型挺拔秀丽。胎质洁白细腻,釉色莹润。作者运用中国画的写意技法绘图,构图简约疏朗,形式灵动,笔意率真,花鸟形象简洁夸张,意境深远。尤其是釉里红点垛的山花,形真神在,纵上横曳的敷色,颇有"待到山花烂漫时,她在丛中笑"的情致。

陆如 1936年1月生于江西省丰城市,长年从事陶瓷教育和艺术创作实践,系景德镇学院高级教授、中国陶瓷艺术大师。他在陶瓷文化方面造诣颇深,而且在各种彩类的饰画方面功力深厚。其作品富有文人画气息和个性张力。

作品 《玉堂富贵》

此作的器型为唇口、直筒腹,造型简练,胎质细腻致密,釉面莹洁光滑,釉色白中泛青。作者采用国画中的写意手法,以点垛方式用釉里红刻画风姿绰约的牡丹花。潇洒流畅的运笔极富节奏感,情韵耐人寻味。釉里红色彩鲜红沉着,在青花的烘托下,显得富丽堂皇。口沿的金色装饰线给作品增加了观赏性。

熊汉中 1938年出生于江西省丰城市,长期从事陶瓷行业行政管理及陶瓷艺术研究,获首届"中国陶瓷艺术大师"称号。他在高温色釉造型和釉下装饰方面造诣颇深。

作品 《鸡冠花》

他以景德镇传统器皿——直筒瓶为载体绘制鸡冠花。整个作品的造型为大口、短直颈、方肩、长筒式瓶体,高足稍内敛,造型稳重中见轻盈。胎质细腻洁白,釉色肥厚润滑。红中泛绿的釉里红大鸡冠花色彩丰富、浓艳沉着。作者以点垛之法写花之形体,又赋花之色感。青花花叶简约轻盈,富有淡雅之趣;花叶色彩对比强烈,极具变化。作者以独特的色彩语言诠释了"鸡冠红艳堪称美,长叶青脆随秋风"的画境雅韵。

作品 青花釉里红《春江图》蘑菇瓶

作者用淡淡的青花绘出配景的芭蕉叶,叶片舒展大方、错落有致;用浓墨画出数只在水中嬉戏的鸭子,鸭子聚散有度,相互呼应,用釉里红点出鸭嘴,整个画面生动有趣,假如不是用釉里红点缀鸭嘴的话,整个画面则显得沉闷,这就是釉里红在陶瓷装饰中的妙用。

侯一波 1939年出生于湖南省安乡县,江西省工艺美术大师。他擅长釉上、釉下彩绘,其作品颇富有文人画气息。

作品 《迎春图》

笔筒为传统文房四宝之一,此《迎春图》笔筒大口平削,唇口浑圆,直筒造型,足部旋削一道内弧线,瓷胎白细,釉色泛青。该作品采用国画式通景构图,以釉里红绘寒梅一树,梅花桩呈倒"Z"字形,笔法洗练,笔势遒劲。色相沉着的釉里红经高温窑变,于桩体和花瓣上渗出铜绿色,形象地揭示了"梅瓣披霜色,虬桩带绿痕"的主题韵律。

汪长序 1940年8月出生于江西省都昌县,江西省高级工艺美术师。他先后在中国轻工业陶瓷研究所、景德镇市宇宙瓷厂美研所、景德镇市陶研所工作,坚持不懈地对陶瓷材质与工艺技法的结合进行探索、研究。他在青花、釉里红的料色配方上的创新及"因釉施画"的创新,对瓷坛画苑影响甚大。

作品 《红竹》

该作品器型为大口、厚唇,瓶体为直筒式,呈竹节状,连腹足。作者因器施画,采用国画写意技法,以釉里红为彩,以线描为主,兼点带皴,表现山竹"轻扫岚风,重染秋霜"的旖旎风光。作品构图丰满、疏密有致。釉里红经高温发生窑变,在竹竿上形成的绿色形成了可遇而不可求的艺术效果。釉里红呈色适宜,形象清晰,颇有北宋苏东坡以红砂写红竹的韵律。

赖如森 1941年生,江西省于都县人,1963年毕业于景德镇陶瓷学院(今景德镇陶瓷大学),随后在中国轻工业陶瓷研究所就职,现为中国轻工业陶瓷研究所高级工艺美术师、景德镇工艺美术大师。他擅长山水、花鸟,尤以青花、釉里红瓷绘见长。

作品 《鱼乐图》

"夜目射寒星,冰鳞刺秋水。不因跋浪游,自爱翻风起。"此彩盘巧饰青花釉里红,写鱼腾起之势,其青花鳞纹以及釉里红勾勒的形体,富有民窑朴实、纯正、唯美的地域风格。尤其是釉里红的勾描笔触,融入了北方剪纸的造型艺术,不画荇藻波纹,反衬碧水清澈,湍流如镜,恰到好处地渲染了"波清乐可知,顿起濠濮思"的主题韵律。加之盘口子母线的装饰,给人以浓郁的生活气息和历史的厚重感及震撼力。

秦锡麟 1942年5月出生,江西省南昌市人,闻名海内外的陶瓷艺术家和教育家,历任江西省陶瓷研究所所长、景德镇陶瓷学院院长等职。他在江西省陶瓷研究所工作期间,致力于开发景德镇民间青花创新课题,主持煤窑烧造釉里红等重大科研项目,取得了不俗的成绩。其作品中的釉里红的肌理效果,令时人叹为观止,在国内外反响强烈,在学术界和收藏界影响甚大。其作品被众多国内外颇具影响力的博物馆收藏。

作品 《平沙飞雁》

该作品为圆筒造型,上大下小,直口,口沿部略做扭曲变形处理。画面为通景式,以大写意手法表现平沙飞雁。釉里红在窑变过程中出现了绿影,在表现沼泽与古树方面获得了奇异的效果。秦锡麟根据陶瓷的材质,以非凡的手法巧妙地运用窑变的色彩,化腐朽为神奇,形成了独特的风格,表现出旷野的神韵,给人以亘古的自然之美。

此作由日本的艺术馆收藏。

王怀俊 1943年出生,安徽省黟县人,现任职于中国轻工业陶瓷研究所,高级工艺美术师,并荣膺"中国工艺美术大师"称号。其生于陶瓷世家,精于陶瓷绘画。高温色釉和釉里红常在其人物画的画境中起到幻化环境、强化气氛、诗化雅趣的奇妙作用,有可遇而不可求的视觉冲击力。

作品 《空山》

该器物为玉兰瓶,直口,束颈,腹微鼓,圈足,造型俊秀。王怀俊以大泼墨的写意手法表现空山旷远的意境,大块的釉里红形成陡峭的山岭,几棵高度概括和浓缩的松树则以青花料色饰画,把空灵悠然的意境表现得淋漓尽致,充分体现了作者以少胜多、删繁就简的艺术技巧和深厚的艺术修养。

赖德全 1955年生,江西省赣州市人。现为景德镇市陶瓷研究所所长、江西省高级工艺美术师,获"中国工艺美术大师"殊荣。其釉里红施画多见于野梅、虬松、山竹等,且惯用"双勾"线描,意境隽永。

作品 《秋风》

"霜落林端万壑幽,白云红叶入溪流。朝来尚有寻真至,共向山亭领素秋。"作者借鉴花口觚的器型,以青花釉里红描绘秋林野景。数株古树占据了大部分画面,以釉里红表现的红叶非常醒目,有"霜叶红于二月花"之意。作者以较少的笔墨营造红叶"层林尽染"之感,色阶分明,收到了极佳的视觉效果。枝头上空的几只飞鸟,使寂寥的秋空平添了一分生气和秋韵。整件作品显露出不俗的造诣和美感,可谓佳作。

此作由中国国家博物馆收藏。

陈敏 1962年生,江西余江人。他先后供职于景德镇市艺术瓷厂、江西省陶瓷研究所,现为江西工艺美术馆副馆长,江西省高级工艺美术师,获"中国陶瓷艺术大师"称号。其工于釉上粉彩人物,善于釉下青花婴戏图,常以釉里红点缀画境,利用窑变肌理深化主题,因此其作品极富个性张力。

作品 《泉》

器物大口外撇,唇厚,筒腹微弧,中腹以下渐收,连腹足。画面以釉里红线描,构图丰满,写意笔触,形象概括简练,将釉里红窑变的肌理幻化为人物活动的地理环境,那红绿相映的艺术效果令人耳目一新。

于长征 1962年生,江西省鄱阳县人,现为景德镇市国家用瓷办公室主任、教授级工艺美术师,并荣获"江西省工艺美术大师"称号。其作品多以釉下青花、釉里红为主,惯写山花野地、果蔬鱼藻,极富民间生活气息和文人画旨趣,深受海内外藏家及鉴赏人士的喜爱。

作品 《利满枝头》

作者以"荔"寓"利",形象而生动地描绘出"荔挺如今擗荔枝,豆笾筵里酒肴迟"的情景。作者笔力遒劲,书写胸中吉物。饱满的釉汁料色,不仅表现出荔枝"浆纱囊里甜浆厚"的形与色,而且表现出作者"写出盈枝与客尝"的豪爽。作者采用适宜的手法以釉里红绘出荔枝,料的浓淡变化经高温烧成后,在一件器物上产生荔枝即将成熟和成熟时的色彩,这就是釉里红的精妙之处,可谓匠心独具,涵养深邃。

此作品被中国工艺美术馆收藏。

第十一章　当代釉里红艺术名人佳作　101

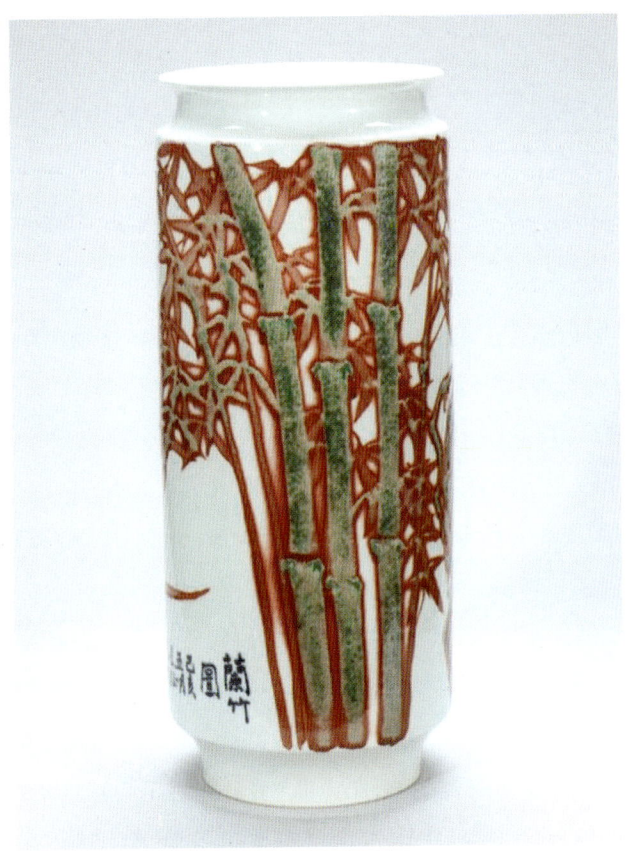

作品　《兰竹图》

作者用釉里红绘出石头、竹子、兰花。石块表现出沉稳大气、坚如磐石之感；竹子为主画面，苍劲有力，枝繁叶茂，尤其是竹竿上的泛绿，更是难得的精妙之处；竹叶一笔写出，被烧后自然产生了一笔双勾的艺术效果；兰花表现出优雅之感，叶子被烧后产生的双勾效果和花被烧后产生的质感都很完美，"一石一竹一兰谓之有骨有节有香"的主题被充分地表现出来了。釉里红的精品之作，不仅作品要泛红，还要红得有层次、有变化。

此作品在第十一届全国陶瓷艺术与设计创新评比中荣获金奖。

参 考 文 献

1. 中国硅酸盐学会主编. 中国陶瓷史. 第 1 版. 北京:文物出版社,1982 年.

2. 江西省轻工业厅陶瓷研究所编. 景德镇陶瓷史稿. 第 1 版. 上海:三联书店,1959 年.

3. 冯先铭著. 中国陶瓷. 第 1 版. 上海古籍出版社,1994 年.

4. 景德镇陶瓷研究所编. 中国的瓷器. 第 1 版. 北京:中国财政经济出版社,1963 年.

5. 袁迪中,郭国基主编. 陶瓷装饰. 第 1 版. 陶瓷研究杂志社编印,1992 年.

6. 潘文锦,潘兆鸿编著. 景德镇的颜色釉. 第 1 版. 江西教育出版社,1986 年.

7. 汪庆正主编. 简明陶瓷词典. 第 1 版. 上海辞书出版社,1989 年.

8. 余继明,杨寅宗主编. 中国古代瓷器鉴赏辞典. 第 1 版. 北京:新华出版社,1992 年.

9. 褚毅编著. 中国古代陶瓷. 第 1 版. 新疆美术摄影出版社,1999 年.

10. 李正安编著. 中国陶瓷艺术图典. 第 1 版. 湖南美术出版社,1999 年.

11. 伍耀,赵令雯点校整理. 古瓷鉴定指南. 第 1 版. 北京燕山出版社,1991 年.

后　　记

　　我们的祖籍都是毗邻景德镇的县乡,前辈们为了生计,于是"挟技谋生",客居在瓷都。从幼冲之年到知天命之期,我们曾目睹瓷业工人们艰辛劳作,曾体验坯坊窑场的"水深火热",曾惊羡陶艺家们的创作灵感,曾聆听瓷都激荡雄浑的涛声。人文环境及社会制度和政策的影响,使得我俩同众多新生们一样,走进了陶瓷产业的队伍,拿起了手中的笔杆,去描绘各自的人生画卷。

　　不过,我俩一个绘画瓷品,一个撰文写作,操笔营生虽然不尽相同,但各有成就,一个荣膺"江西省工艺美术大师"称号,一个是著名的陶瓷评论家。我俩为景德镇陶瓷艺术著书立说的念头,缘于古籍中对景德镇传统瓷"惜乎其无一专著也"的评述。于是我们不约而同地决心联袂撰写专著,权当抛砖引玉,争取众人关注,繁荣瓷坛文化。

　　历时五年,《景德镇釉里红史论》初稿完成了,然而我们的心情并未放松,因为我们在书中记述的论述观点、工艺流程、配方秘诀、烧成条件等,也是一孔之见,肤浅得很,所以我们仍感到忐忑不安,但仔细一想,"文章天下事,得失寸心知"。人们能从我们的文章中探知我们的用心用意,理解我们为弘扬景德镇陶瓷文化所做的微薄贡献,我们就心满意足了。

　　承蒙中国工艺美术大师王锡良先生在百忙之中对我俩的拙作进行审阅,并提出了不少建设性的意见,又欣然为《景德镇釉里红史论》题写了书名;中国陶瓷艺术大师熊汉中先生体恤后辈,阅稿后也乐于为之写序;此外,江西省陶瓷研究所所长刘少平先生、高级工艺美术师牛仕荣先生等人也在本书的写作过程中提供了具体的资料,并予以了指导,我们在此一并致以诚挚的谢意。

文化是命脉,也是一种精神的载体,命脉之所萦,精神之所萦。我们坚信,随着改革开放的发展,陶瓷艺术、陶瓷文化、陶瓷精神将有更加璀璨辉煌的明天。

于长征　曹新民

甲午年秋月成稿于景德镇

己亥年仲春三月修订于"读瓷斋"